迷ったときに開く

# 実務に活かす
# 印紙税の実践と応用

監修　小林幸夫（税理士）・佐藤敬秀（税理士）
編著　鳥飼重和（弁護士・税理士）
著　　鳥飼総合法律事務所

新日本法規

# はしがき

　本書は、印紙税の考え方の基本を身に付け、自信をもって印紙税の実務を行えるようにするための本です。昨年、刊行した『〜法的思考が身に付く〜実務に役立つ　印紙税の考え方と実践』鳥飼重和著（新日本法規出版）は、印紙税の初級者向けの本でしたが、本書はこの続編であり、これをより実践的にしたものです。

　本書を理解し、印紙税実務に活用すれば、印紙税の専門家としての自信が生まれるものと信じます。その意味で、本書は、印紙税実務に携わる方々が日々直面する「迷い」を解消するための頼りになる座右の書となるでしょう。
　分かりやすく言えば、次のような悩みを解消する本でもあります。

　「印紙税の確認を頼まれたが、その文書が印紙税の解説書に載っていない。そのため、どのように判断したらいいか分からない。」
　この悩みの原因はどこにあるのでしょうか？
　市販されている解説書の多くは、実例を多く取扱い、非常に細かい点についてまで言及しているものも多く、その点便利です。しかし、個別の事例についての解説にとどまり、体系的な解説がされていないため、印紙税の考え方の基本が身に付きにくいといえます。印紙税の考え方の基本が身に付かないと、解説書に実例のない文書や、解説書に実例があっても少し文言が異なる文書についてどのように判断したらよいか迷うことになります。

　本書は、印紙税の考え方の基本を身に付け、自分の頭で、自信をもっ

て印紙税の課否判断ができるようになることを目指して書かれたものです。印紙税の考え方の基本について書かれた本は、他に類書がないといえます。

　印紙税の考え方の基本を身に付ければ、結論を分けるポイントを見抜くことができますから、それが解説書に載っていない文書であっても論理的に結論を導くことができますし、仮に税務調査があったとしても調査官に対して効果的な反論をすることができます。

　先に刊行した『〜法的思考が身に付く〜実務に役立つ印紙税の考え方と実践』も本書も、印紙税を法的思考に基づいて検討することが肝要であるという一貫した思考の下、執筆いたしました。

　執筆にあたっては、当事務所の弁護士・パラリーガルが法令や通達、実務上の取扱いを丹念に調べ、この書籍を読んでくださった方々の中に一本芯の通った印紙税の考え方の基本が身に付くよう、解説の方法、順番に工夫を凝らしました。また、長年、印紙税実務の最前線にてご活躍された元国税OBの税理士の先生方のお力を借り、理論的な解説をしつつも、あくまで税務調査などの実務に役立つ書籍であることを追及しました。

　本書が印紙税実務に携わる方々の一助となれば幸いです。

　最後に、この本の出版にあたって、ご協力いただいた方々にお礼を申し上げます。

平成30年9月吉日

　　　　　　　　　　　　　編著者　鳥飼重和及び執筆者一同

## 凡　例

1. 法令、通達等の表記

　法令、通達等は、本文中では原則として正式名称を用いて表記し、括弧内で引用する場合や、正式名称が長いもの等については、以下の略称を用います。

　　印法・・・印紙税法
　　印令・・・印紙税法施行令
　　印基通・・・印紙税法基本通達
　　別表第一課税物件表・・・印紙税法別表第一課税物件表
　　通則・・・印紙税法別表第一課税物件表の適用に関する通則
　　消費税法の改正等に伴う印紙税の取扱いについて・・・平成元年3月10
　　　　日付間消3－2「消費税法の改正等に伴う印紙税の取扱いについて」
　　第1号文書・・・別表第一課税物件表の第1号に掲げる文書
　　　　（以下、第20号文書まで同様）
　　印基通1号の1文書の1・・・印紙税法基本通達別表第1　課税物件、課税
　　　　標準及び税率の取扱い第1号の1文書の1（不動産の意義）
　　　　（以下、第20号文書まで同様）
　　租特法・・・租税特別措置法
　　（注）平成30年4月1日現在の法令通達等によっています。

2. 引用文献等の表記

　本文中で引用する文献等については、以下の略称を用います。
　国税庁HP質疑応答事例・・・平成30年7月1日現在の国税庁ホームページ掲載の質疑応答事例（印紙税関係）
　『実務印紙税』・・・藤田伸一編『平成29年版実務印紙税』大蔵財務協会

# 目　次

はしがき　iii
凡例　v

## 第1章　総論

1　印紙税の全体像及び課否判断のプロセス……………………… 2
2　文書の意義等 ………………………………………………………… 3
　(1) 課税文書　3
　(2) 課税文書に該当するかどうかの判断方法　5
　(3) 他の文書の引用　12
　(4) 一の文書の意義　17
　(5) 証書及び通帳の意義　18
　(6) 証書兼用通帳の取扱い　20
3　契約書 ……………………………………………………………… 21
　(1) 課税文書の要件としての「契約書」　21
　(2) 一方当事者の作成する「契約書」　28
　(3) 申込書等の扱い　30
　(4) 契約書を複数作成した場合　36
　(5) 契約当事者以外に提出する場合　38
4　所属の決定 ………………………………………………………… 39
　(1) 所属の決定とは　39
　(2) 所属の決定方法　40
　(3) 契約の内容の変更又は補充の場合の所属の決定方法　43
5　記載金額 …………………………………………………………… 46
　(1) 契約金額の意義　47
　(2) 記載金額の計算方法　49
　(3) 予定金額、最高金額、最低金額　55
　(4) 契約の一部についての金額　56
　(5) 手付金、内入金　56
　(6) 月単位等で契約金額を定めている場合　56
　(7) 契約金額を変更する場合　57

(8) 内訳金額を変更又は補充する場合　59
　　(9) 税金額が記載されている場合　59
　　(10) 第1号文書又は第2号文書の契約金額の取扱い　60
　　(11) 第17号文書の受取金額の取扱い　61
　　(12) 無償等と記載された場合　61
　　(13) 消費税の取扱い　61
6　**非課税文書** ……………………………………………… 63
　　(1) 別表第一課税物件表の非課税物件の欄に掲げる文書　63
　　(2) 国、地方公共団体又は別表第二非課税法人の表に掲げる者が作成した文書　63
　　(3) 別表第三非課税文書の表の上欄に掲げる文書で、同表の下欄に掲げる者が作成した文書　65
7　**印紙税の納税義務者** ………………………………… 66
　　(1) 「作成」及び「作成の時」の意義　66
　　(2) 「作成者」の意義　71
　　(3) 代理人が文書を作成する場合の取扱い　73
　　(4) 共同作成者の取扱い　73
　　(5) みなし作成　75
　　(6) その他の作成に関する取扱い　79
8　**納税地** ………………………………………………… 80
　　(1) 納税地の特定　80
　　(2) 作成場所が海外の場合　83
9　**税務調査** ……………………………………………… 84
　　(1) 印紙税の税務調査について　84
　　(2) 印紙税及び印紙税調査を知ることの重要性　84
　　(3) 印紙税の調査手法を同時調査に活用すると税務調査は厳しくなる〜印紙税の調査には限界がない　85
　　(4) 印紙税調査が現場中心になると、印紙税調査の対応が厳しくなる〜「現場でしか、課税は起きない」　87
　　(5) 厳しくなる税務調査に対し、抜本的な改善が必要になる　89

# 第2章 各論

1 第1号文書 ················································· 94
    (1) 第1号の1文書
        「不動産、鉱業権、無体財産権、船舶若しくは航空機又は営業の譲渡に関する契約書」　94
    (2) 第1号の2文書
        「地上権又は土地の賃借権の設定又は譲渡に関する契約書」　105
    (3) 第1号の3文書
        「消費貸借に関する契約書」　112
    (4) 第1号の4文書
        「運送に関する契約書（用船契約書を含む。）」　120
    (5) 課税標準及び税率　127
    (6) 不動産売買契約書の印紙税の軽減措置　128
    (7) 非課税物件　129

2 第2号文書
    「請負に関する契約書」 ································· 130
    (1) 第2号文書の意義及び範囲　130
    (2) 課税標準及び税率　144
    (3) 建築工事請負契約書の印紙税の軽減措置　144
    (4) 非課税物件　145
    (5) 事例検討　146

3 第3号文書
    「約束手形又は為替手形」 ······························· 160
    (1) 第3号文書の意義及び範囲　160
    (2) 白地手形　160
    (3) 課税標準及び税率　160
    (4) 非課税物件　161

4 第4号文書
    「株券、出資証券若しくは社債券又は投資信託、貸付信託、特定目的信託若しくは受益証券発行信託の受益証券」 ················ 162
    (1) 第4号文書の意義及び範囲　162
    (2) 課税標準及び税率　163
    (3) 非課税物件　163

5 第5号文書
「合併契約書又は吸収分割契約書若しくは新設分割計画書」…164
　（1）第5号文書の意義及び範囲　164
　（2）契約等の変更又は補充について　165
　（3）課税標準及び税率　165
　（4）非課税物件　165

6 第6号文書
「定款」………………………………………………………………166
　（1）第6号文書の意義及び範囲　166
　（2）一般社団法人・一般財団法人が作成する定款　166
　（3）課税標準及び税率　166
　（4）非課税物件　167

7 第7号文書
「継続的取引の基本となる契約書」……………………………168
　（1）第7号文書の意義及び範囲　168
　（2）特定の相手方との間に継続的に生ずる取引の基本となる契約書　170
　（3）契約期間の記載のあるもののうち、当該契約期間が三月以内であり、
　　　かつ、更新に関する定めのないものを除く　171
　（4）印紙税法施行令第26条第1号に該当する文書の要件　172
　（5）印紙税法施行令第26条第2号に該当する文書の要件　177
　（6）印紙税法施行令第26条第3号に該当する文書の要件　179
　（7）印紙税法施行令第26条第4号に該当する文書の要件　179
　（8）印紙税法施行令第26条第5号に該当する文書の要件　180
　（9）課税標準及び税率　181
　（10）非課税物件　181
　（11）事例検討　181

8 第8号文書
「預貯金証書」………………………………………………………193
　（1）第8号文書の意義及び範囲　193
　（2）課税標準及び税率　193
　（3）非課税物件　193

9 第9号文書
　　「貨物引換証、倉庫証券又は船荷証券」……………………194
　　　（1）第9号文書の意義及び範囲　194
　　　（2）課税標準及び税率　196
　　　（3）非課税物件　196

10 第10号文書
　　「保険証券」……………………………………………………197
　　　（1）第10号文書の意義及び範囲　197
　　　（2）保険証券の名称　197
　　　（3）再交付の請求により交付する書面　197
　　　（4）課税標準及び税率　197
　　　（5）非課税物件　198

11 第11号文書
　　「信用状」………………………………………………………198
　　　（1）第11号文書の意義及び範囲　198
　　　（2）商業信用状条件変更通知書　198
　　　（3）課税標準及び税率　198
　　　（4）非課税物件　198

12 第12号文書
　　「信託行為に関する契約書」…………………………………199
　　　（1）第12号文書の意義及び範囲　199
　　　（2）財産形成信託取引証　199
　　　（3）課税標準及び税率　199
　　　（4）非課税物件　200

13 第13号文書
　　「債務の保証に関する契約書（主たる債務の契約書に併記するものを除く。）」……………………………………………201
　　　（1）第13号文書の意義及び範囲　201
　　　（2）主たる債務の契約書に「併記」した債務の保証に関する契約書　201
　　　（3）主たる債務の契約書に「追記」した債務の保証に関する契約書　203
　　　（4）課税標準及び税率　204
　　　（5）非課税要件　204

## 14 第14号文書
### 「金銭又は有価証券の寄託に関する契約書」……………204
- （1）第14号文書の意義及び範囲　204
- （2）課税標準及び税率　205
- （3）非課税物件　205
- （4）第17号文書との区別　205
- （5）第8号文書との区別　207
- （6）事例検討　207

## 15 第15号文書
### 「債権譲渡又は債務引受けに関する契約書」……………215
- （1）第15号文書の意義及び範囲　215
- （2）課税標準及び税率　216
- （3）非課税物件　216

## 16 第16号文書
### 「配当金領収証又は配当金振込通知書」…………………217
- （1）第16号文書の意義及び範囲　217
- （2）課税標準及び税率　219
- （3）非課税物件　219

## 17 第17号文書
### 1「売上代金に係る金銭又は有価証券の受取書」
### 2「金銭又は有価証券の受取書で1に掲げる受取書以外のもの」……………………………………………………220
- （1）第17号文書の意義及び範囲　220
- （2）課税標準及び税率　220
- （3）非課税物件　220
- （4）第17号文書の判断過程　221
- （5）売上代金に係る金銭又は有価証券の受取書（第17号の1文書）　221
- （6）非課税物件　230
- （7）事例検討　234

18 第18号文書
「預貯金通帳、信託行為に関する通帳、銀行若しくは無尽会社の作成する掛金通帳、生命保険会社の作成する保険料通帳又は生命共済の掛金通帳」 ………………………………………246
　（1）第18号文書の意義及び範囲　　246
　（2）課税標準及び税率　　248
　（3）非課税物件　　248
　（4）納付の特例　　249

19 第19号文書
「第1号、第2号、第14号又は第17号に掲げる文書により証されるべき事項を付け込んで証明する目的をもって作成する通帳（ただし、第18号に該当する通帳を除く。）」…………… 249
　（1）第19号文書の意義及び範囲　　249
　（2）一定額を超える付け込み　　250
　（3）課税標準及び税率　　251
　（4）非課税物件　　251
　（5）納付の特例　　252
　（6）取扱例　　252

20 第20号文書
「判取帳」 ………………………………………………253
　（1）第20号文書の意義及び範囲　　253
　（2）一定額を超える付け込み　　255
　（3）課税標準及び税率　　255
　（4）非課税物件　　256

# 第1章 総論

## 1 印紙税の全体像及び課否判断のプロセス

　印紙税の課否判断は、おおむね以下のプロセスを経て判断されます。また、第1章の解説もこのプロセスに沿って進められます。
　①第1号～第20号文書の課税事項の記載があるか？
　　→「2　文書の意義等」
　②課税事項を証明する目的で作成されたか？
　　→「2　文書の意義等」
　③契約書にあたるか（1、2、5、7、12～15号文書）？
　　→「3　契約書」
　④複数の課税事項が記載されている場合、どの号の文書に所属するか？
　　→「4　所属の決定」
　⑤記載金額はいくらか？
　　→「5　記載金額」
　⑥非課税規定の適用はないか？
　　→「6　非課税文書」
　⑦作成者（納税義務者）は誰か？
　　→「7　印紙税の納税義務者」
　⑧納税地は問題となるか？
　　→「8　納税地」

　印紙税の課否判断においては、主としてこの①～⑧の事項が問題となります。このようにまずは全体像の概要を把握することで、その個々の内容の理解も容易になるかと思います。

## 2 文書の意義等

### (1) 課税文書

**ア　不課税文書、非課税文書、課税文書の意義**

　印紙税の課税物件は、別表第一課税物件表の課税物件欄に掲げる文書です（印法2）。課税物件表の課税物件欄には、第1号文書から第20号文書までが掲げられています。裏を返すと、第1号文書から第20号文書までにあたらない文書については、印紙税は課されないということです。このように、第1号文書から第20号文書までにあたらない文書を、通常、「不課税文書」といいます。

　そして、法は、ある文書が課税物件表の課税物件欄に掲げる文書にあたるとしても、これが一定の要件を満たす場合には、印紙税を課さないこととしています。このように、課税物件欄に掲げる文書にあたるものの、例外的に印紙税が課されない文書を「非課税文書」といいます（印法5）。

　したがって、印紙税の課税対象となる文書とは、別表第一課税物件表の課税物件欄に掲げる文書のうち、非課税文書以外の文書ということになります。これを「課税文書」といいます（印法3）。

**イ　課税文書の要件**

**(ア) 課税文書の3つの要件**

　これまで述べた通り、「課税文書」に該当するためには、まずは、「別表第一課税物件表の課税物件欄に掲げる文書」にあたる必要があります（印法3）。しかし、どのような文書が課税物件欄に掲げる文書にあたるかについては、法律上、その範囲が明らかであるとはいえません。そこで、印紙税法基本通達第2条において、「課税文書」の範囲が明らかにされています。

印紙税法基本通達第2条によれば、「課税文書」とは、課税物件表の課税物件欄に掲げる文書により証されるべき事項（以下「課税事項」といいます。）が記載され、かつ、当事者間において課税事項を証明する目的で作成された文書のうち、非課税文書にあたらない文書をいうとされています（印基通2）。したがって、課税文書とは、①課税事項の記載があること、②課税事項を証明する目的で作成されたこと、③非課税文書にあたらないこと、という3つの要件を満たす文書のことをいいます。①から③について、以下詳述します。

(イ) 課税事項の記載があること（①の要件）

　課税事項とは、課税物件欄に掲げる文書により証されるべき事項をいいます。例えば、消費貸借に関する契約書（第1号の3文書）によって証明することができる事項とは、契約当事者間で消費貸借に関して合意した内容です。そのため、ある文書に消費貸借に関する契約当事者間の合意内容が記載されていれば、その文書には第1号の3文書の課税事項の記載があるといえます。また、同様に、ある文書に売上代金に係る金銭の受取の事実が記載されていれば、その文書には第17号の1文書の課税事項の記載があるといえます。その他の文書の課税事項の記載の有無についても同様に判断します。

(ウ) 課税事項を証明する目的で作成されたこと（②の要件）

　課税物件欄に掲げる文書に該当するためには、その文書に課税事項の記載があることに加えて、その文書が課税事項を証明する目的で作成されたといえる必要があります。「目的」というと文書の作成者の主観が問題になるかのようにも思えます。しかし、課税事項を証明する目的で作成されたかどうかは、文書に表れていない作成者の真の意図によって判断されるのではなく、文書の形式、内容等から客観的に判断されます。

　例えば、「不動産売買契約書」という表題の文書に、契約当事者双方が不動産の譲渡に関して合意した内容を記載して、署名・押印をしたと

します。この文書が課税事項を証明する目的で作成されたかどうかは、文書の表題が「契約書」である点、不動産の譲渡に関する合意内容が記載されている点、契約当事者双方の署名・押印がある点といった文書の形式、内容等から客観的に判断されます。そして、その判断の際には、契約当事者の真の意図は考慮されません。文書の形式、内容等から客観的に判断する限り、この不動産売買契約書は、不動産の譲渡に関する合意内容という課税事項を証明する目的で作成されたと判断されるでしょう。

なお、実務上は、ある文書に課税事項の記載がある場合には、課税事項を証明する目的で作成されたと認定されることが多いと思われます。そのため、課税事項の証明目的について納税者側が争う場合には、それ以外の客観的な資料をもって反論する必要があります。ただし、特に、ある文書が外観上、契約書の体裁を有している場合には、課税事項を証明する目的で作成されたのではないと認められることはないといってよいでしょう。

(エ) 非課税文書にあたらないこと（③の要件）

非課税文書については、「6　非課税文書」で扱うこととします。

## (2) 課税文書に該当するかどうかの判断方法

印紙税法基本通達第3条は、ある文書が課税文書に該当するかどうかの判断方法を示しています。これまで述べてきた通り、課税文書にあたるためには、①課税事項の記載があること、②課税事項を証明する目的で作成されたこと、③非課税文書にあたらないことという3つの要件を満たす必要があります。したがって、印紙税法基本通達第3条は、この3つの要件に該当するかどうかの判断方法を示していると解することもできるでしょう。

> 印紙税法基本通達第3条
> 1　文書が課税文書に該当するかどうかは、文書の全体を一つとして判断するのみでなく、その文書に記載されている個々の内容についても判断するものとし、また、単に文書の名称又は呼称及び形式的な記載文言によることなく、その記載文言の実質的な意義に基づいて判断するものとする。
> 2　前項における記載文言の実質的な意義の判断は、その文書に記載又は表示されている文言、符号を基として、その文言、符号等を用いることについての関係法律の規定、当事者間における了解、基本契約又は慣習等を加味し、総合的に行うものとする。

### ア　個々の内容について判断する

　まず、第1項は、「文書が課税文書に該当するかどうかは、文書の全体を一つとして判断するのみでなく、その文書に記載されている個々の内容についても判断する」ことを明らかにしています。すなわち、ある文書が課税文書に該当するかどうかの判断は、その文書の全体的な評価だけで行うのではなく、その文書の個々の内容について一つずつ検討することで行うということです。

　例えば、次の文書は、全体的な評価としては、金銭の借入申込者が作成した金銭消費貸借契約の申込書といえるでしょう。

　確かに、この文書を全体的に評価した場合には、この文書は消費貸借契約に関する申込書にすぎず、契約書ではありませんから、課税文書にはあたらないことになります。しかし、この申込書には連帯保証人の住所、氏名の記載があり、その署名・押印もあるため、連帯保証人になろうとする者は、貸付人に対し、保証人になることを約したと解することができます。したがって、この文書の個々の内容に着目すると、この申

＜事例＞借入申込書

```
                                      平成　年　月　日
                    借入申込書
  △△　銀行　御中
                              住所＿＿＿＿＿＿＿＿＿＿
                              氏名　　　　　　　　印

  下記のとおり借入したいので、申込みいたします。
                      記
  1. 申込金額　￥
  2. 用　　途
  3. 返済方法
  4. 口座番号
  5. 連帯保証人　　　住　所
                    氏　名　　　　　　印
  〜〜〜〜〜〜〜〜〜〜〜〜〜〜〜〜〜〜〜〜〜〜〜
                   （以下略）
```

込書は債務の保証に関する契約書にあたり、課税文書（第13号文書）となります（印基通13号文書の3なお書き）。

　このように文書の一部にでも課税事項が記載されていれば、その文書は課税文書になりますので、ある文書が課税文書かどうか判断する際には、その文書の最初から最後まで目を通し、個々の内容について逐一、検討をする必要があります。

## イ　文書の名称又は呼称だけで判断しない

　次に、第1項は、「文書が課税文書に該当するかどうかは…単に文書の名称又は呼称…によることなく…判断する」ことを明らかにしていま

す。すなわち、ある文書が課税文書に該当するかどうかの判断は、単に文書の名称又は呼称によって行うものではないということです。このことは、アの「借入申込書」という表題の申込書が債務の保証に関する契約書に該当したことからも明らかといえるでしょう。ただし、文書の表題だけで課税文書に該当するかどうかは判断しませんが、文書の表題は特に一方当事者の作成する文書が契約書に該当するかどうかの判断において、重要な判断要素となります（本章3(2)ア）。

### ウ　記載文言は実質的に判断する

　また、第1項は、「文書が課税文書に該当するかどうかは…単に文書の…形式的な記載文言によることなく、その記載文言の実質的な意義に基づいて判断する」ことを明らかにしています。そして、第2項は、「前項における記載文言の実質的な意義の判断は、その文書に記載又は表示されている文言、符号を基として、その文言、符号等を用いることについての関係法律の規定、当事者間における了解、基本契約又は慣習等を加味し、総合的に行う」ことを明らかにしています。すなわち、課税文書に該当するかどうかは、形式的な記載文言ではなく、その文言の実質的な意義に基づいて判断を行い、その判断は関係法律の規定、当事者間における了解、基本契約、慣習等を考慮要素として総合的に行われることになります。以下では、実務上、問題となることが多い、「当事者間における了解」と「基本契約」について解説をします。

(ア) 当事者間における了解

　印紙税の課否判断においては、文書には表れていない当事者間における了解を考慮要素として、文言を実質的に判断する場合があります。

　例えば、売掛金の請求書に、「相済」、「完了」といった文言が記載されている場合、これらの文言を形式的に判断する限り、これが何を意味するのか明らかではありません。しかし、このような簡略な文言を用い

た場合であっても、その作成目的が金銭又は有価証券の受領事実を証明するものであるといえる場合には、第17号文書となります（印基通17号文書の1（注））。

　そして、仮に、当事者間において、「相済」、「完了」といった文言は売掛金を受領したことを意味するという認識が認められる場合には、これは「当事者間における了解」として、記載文言を実質的に判断する際の考慮要素となります。したがって、このような認識が認められる場合には、その記載文言が実質的に判断されることで、この文書の作成目的は金銭又は有価証券の受領事実を証明するものであるという判断がなされる可能性が高いでしょう。

　このように印紙税法基本通達第3条によると、文書中に記載された文言は、常に当事者間の了解を考慮要素として実質的に判断されるようにも解されます。しかし、印紙税の文書課税としての性質を踏まえると、当事者間の了解を考慮要素として文言を実質的に判断する場合とは、基本的にはその文言の意味が客観的に不明瞭な場合に限定されていると解されます。

　印紙税の課税物件は、各種の経済取引それ自体ではなく、その表象たる文書であり、いわゆる文書課税と呼ばれています。このような文書課税としての性質を踏まえると、印紙税における課否判断は、その文書に表されている事項に基づいてなされるべきであって、その文書に表されていない事項は原則として判断要素とならないことになります。

　そして、記載文言を実質的に判断する際、当事者間における了解を考慮することは、文書に表されていない事項を判断要素とすることになるため、印紙税の文書課税としての性質からは望ましいものとはいえません。また、文書に表されていない当事者間の了解を常に判断要素とすると、印紙税の課税判断が難しくなり、課税実務上、混乱が生じる事態が想定されていると思われます。

そこで、実務上は、当事者間における了解を考慮要素として、文言を実質的に判断するのは、基本的には、その文言の意味が客観的に不明瞭な場合に限定されていると解されます。

このことを次の事例で確認してみましょう。

＜事例＞
甲は乙に対して10万円を貸し付けました。
甲は乙から以下の受取書を受け取りました。
甲乙間では、受取書を借用証書として扱う認識がありました。

```
                    受取書
    甲　様
                金10万円受領しました。
 平成○年○月○日
                                        乙
```

この事例では、甲と乙の間では、消費貸借契約が成立しており、乙から甲に交付された事例の文書も借用証書として認識されています。そこで、このような事情を「当事者間における了解」として、記載文言を実質的に判断すれば、「金10万円受領しました」という文言は、「金10万円借用しました」と解されることなり、この文書は消費貸借に関する契約書（第1号の3文書）にもあたることになります。

しかし、「金10万円受領しました」という文言は、金銭の受領事実を意味することは明らかであり、文言の意味が客観的に不明瞭とはいえません。したがって、実務上は、当事者間における了解を考慮要素として、この文言を実質的に判断することはせず、この文書は単なる金銭の受取書（第17号文書）と判断されます。

なお、前述の売掛金の請求書の事例において、「相済」、「完了」という文言が記載されている場合、当事者間における了解を考慮要素として実質的に判断される可能性があるとしましたが、それは、これらの文言の意味が客観的に不明瞭であるといえるためです。

> 【コラム】記載文言の実質的判断
>
> 　実務上は、当事者間における了解を考慮要素として、文言を実質的に判断するのは、基本的には、その文言の意味が客観的に不明瞭な場合に限定されていると解されます。すなわち、意味が明瞭な文言については、当事者間における了解を考慮せず、形式的に判断することになります。
> 　例えば、契約書には、「甲は、乙に対して、商品Ａを売買する。」と記載されている場合、「売買」という文言は意味が明瞭です。そのため、仮に契約の真実の内容が請負契約であったとしても、この契約書は、売買契約書と判断されます。したがって、これが１回限りの売買契約であれば、不課税文書となります。
> 　このように、意味が明瞭な文言はそのまま形式的に判断されますから、これを利用することで意図的に節税を図ることも可能です。ただし、この契約書では、当事者間の契約の真実の内容（請負契約である点）を立証できないという問題は残ります。
> 　他方で、意味が明瞭な文言については、当事者間における了解は考慮せず、形式的に判断するということは、納税者に不利にも働きます。
> 　例えば、上の例とは反対に、契約書には、「甲は、乙から、製品Ａの製作を請け負った。」と記載されている場合、「請け負った」という文言は意味が明瞭ですから、そのまま形式的に判断されます。そのため、仮に契約の真実の内容が売買契約であり、そのことがこの文書以外の客観的資料によって立証できたとしても、この契約書は請負に関する契約書と判断され、印紙税が課されます。
> 　このように、意味が明瞭な文言についてはそのまま形式的に判断するという実務上のルールは、納税者に有利にも不利にも作用しますから、注意が必要です。

（イ）基本契約

　当事者間において請負や売買といった契約が繰り返される場合には、基本契約が締結されることが通例です。この場合、当事者間で交わされる文書の記載文言は、この基本契約を考慮要素として実質的に判断されることになります。

　例えば、請負契約の申込書に、「以下の通り、申し込みます。」と記載されている場合、通常、申込書は申込みの事実を証明する目的で作成される文書にすぎませんから、契約書とはいえず、課税文書にはあたりません。しかし、この当事者間においては、別途、基本契約書が交わされており、その中で「申込書は、個々の請負取引の契約内容の確認の証とする。」と規定されているとします。この場合、この申込書は契約当事者間において個々の請負契約の成立の事実を証すべきものとの了解があり、かつ、その成立を証明する目的で作成されるべきものであるといえます。したがって、この申込書は基本契約を考慮すると契約書ということができますから、課税文書にあたります。

## (3) 他の文書の引用

　文書によっては、他の文書の内容を引用している場合があります。印紙税法基本通達第4条は、ある文書が他の文書を引用している場合の取扱いを定めています。

> 印紙税法基本通達第4条
> 1　一の文書で、その内容に原契約書、約款、見積書その他当該文書以外の文書を引用する旨の文言の記載があるものについては、当該文書に引用されているその他の文書の内容は、当該文書に記載されているものとして当該文書の内容を判断する。
> 2　前項の場合において、記載金額及び契約期間については、当該文

> 書に記載されている記載金額及び契約期間のみに基づいて判断する。
> （注）第1号文書若しくは第2号文書又は第17号の1文書について、通則4のホの（二）又は（三）の規定が適用される場合には、当該規定に定めるところによるのであるから留意する。

## ア　引用する他の文書の内容も当該文書に記載されているものとして判断される（原則）

第1項は、ある文書がその文言上、他の文書を引用している場合には、他の文書の内容がその文書に記載されているものとして判断されることを明らかにしています。したがって、その文書を単体としてみれば課税文書に該当しない場合であっても、引用された文書の内容を加味することで課税文書に該当する場合があります。

## イ　記載金額と契約期間は当該文書の記載のみで判断される（例外）

第2項は、記載金額及び契約期間については、その文書に記載されている記載金額及び契約期間のみに基づいて判断することを明らかにしています。つまり、記載金額及び契約期間については、引用する他の文書の内容を取り込んで判断することはできません。

例えば、ある文書中に、「契約期間は●月●日付の覚書の通りとします。」と記載されていたとしても、契約期間を他の文書を引用して判断することはできませんので、この文書には契約期間の記載はないものと判断されます。

## ウ 第1号文書、第2号文書、第17号の1文書では、記載金額も引用される（例外の例外）

（注）では、第1号文書、第2号文書、第17号の1文書について、通則4のホの（二）又は（三）の規定が適用される場合には、当該規定に定めるところによることが明らかにされています。通則4のホの（二）又は（三）には、以下のように、第1号文書、第2号文書、第17号の1文書の記載金額を判断する場合に、引用する他の文書の内容を取り込んで判断する旨が定められていますので、そのことを明らかにしたものです。

> 通則4のホ
> （二）第1号又は第2号に掲げる文書に当該文書に係る契約についての契約金額又は単価、数量、記号その他の記載のある見積書、注文書その他これらに類する文書（この表に掲げる文書を除く。）の名称、発行の日、記号、番号その他の記載があることにより、当事者間において当該契約についての契約金額が明らかであるとき又は当該契約についての契約金額の計算をすることができるときは、当該明らかである契約金額又は当該計算により算出した契約金額を当該第1号又は第2号に掲げる文書の記載金額とする。
>
> ※下線は解説の便宜のため、著者が付しました。

① 「契約金額が明らかであるとき」の具体例
事例：「請負金額は貴注文書第80号のとおりとする。」と記載されている工事請負に関する注文請書で、注文書第80号に記載されている請負金額が500万円
結論：記載金額は500万円

② 「契約金額の計算をすることができるとき」の具体例
事例：「加工数量及び加工料単価は貴注文書第 82 号のとおりとする。」
　　　と記載されている物品の委託加工に関する注文請書で、注文書
　　　第 82 号に記載されている数量が 1 万個、単価が 500 円
結論：記載金額は 500 万円

③ 「この表に掲げる文書を除く」の具体例
事例：「加工数量は 1 万個、加工料単価は委託加工基本契約書のとお
　　　りとする。」と記載されている物品の委託加工に関する注文請書
結論：記載金額はなし

> 通則 4 のホ
> (三) 第 17 号に掲げる文書のうち売上代金として受け取る有価証券の受取書に当該有価証券の発行者の名称、発行の日、記号、番号その他の記載があること、又は同号に掲げる文書のうち売上代金として受け取る金銭若しくは有価証券の受取書に当該売上代金に係る受取金額の記載のある支払通知書、請求書その他これらに類する文書の名称、発行の日、記号、番号その他の記載があることにより、当事者間において当該売上代金に係る受取金額が明らかであるときは、当該明らかである受取金額を当該受取書の記載金額とする。

　なお、印紙税法基本通達第 24 条(7)から(9)にも、通則 4 のホの（二）及び（三）と同じ内容の定めがあります。

　通則 4 のホの（二）に関して注意が必要なのは、第 1 号文書、第 2 号文書の記載金額を判断する際に、引用する他の文書が課税文書にあたる場合には、その文書を取り込むことができないということです（通則 4 のホ（二）かっこ書き、印基通 24(7)かっこ書き、印基通 25 ②なお書き）。通則 4 のホの（二）の文言としては、「この表に掲げる文書を除く」と

いう部分がこのことを示しています。

③の具体例について少し解説をすると、この注文請書には加工数量が記載されており、引用する委託加工基本契約書には加工料単価が記載されていますので、加工数量と加工料単価を乗じることで記載金額を算出することができるようにも思えますが、委託加工基本契約書は課税物件表に掲げる文書（第7号文書）にあたりますので、加工料単価の記載を取り込んで判断することができません。したがって、この注文請書においては、記載金額を算出することはできませんので、記載金額はないものと判断されます。

---

【コラム】他の文書の引用と文言の実質的判断の違い

　文書課税である印紙税において、当該文書に記載されていない事項を課否判断の判断要素とする場面には、他の文書を引用するケースと、記載文言を実質的に判断するケースとがあります。ある文書が他の文書を引用する場合には、その文書自体には記載されていない事項が記載されているものとして扱われます。他方で記載文言を実質的に判断する場合には、あくまでその文書に記載された文言を「当事者間における了解」や「基本契約」に基づいて実質的に解釈するにすぎず、その文書に記載されていない事項が記載されているものとして扱われるわけではありません。両者は、その文書に記載されていない事項が記載されているものとして扱われるかどうかという点で異なるといえます。また、他の文書を引用するためには、その文書中に「引用する旨の文言の記載」が必要になりますが、記載文言の実質的判断の場合には、そのような記載は必要ありません。

　両者は、他の文書の内容や「当事者間における了解」、「基本契約」といったその文書の「外側」にある事情を用いて判断する点で類似するということもできますが、むしろ異なる点のほうが多いといえます。

## (4) 一の文書の意義

印紙税は、課税文書「一通」又は「一冊」ごとに課されます（別表第一課税物件表の課税標準及び税率欄）。そして、「一通」又は「一冊」の文書を総称して「一の文書」といいます（印基通8）。「一の文書」の意義については、印紙税法基本通達第5条において定められています。

> 印紙税法基本通達第5条
> 　法に規定する「一の文書」とは、その形態からみて1個の文書と認められるものをいい、文書の記載証明の形式、紙数の単複は問わない。したがつて、1枚の用紙に2以上の課税事項が各別に記載証明されているもの又は2枚以上の用紙が契印等により結合されているものは、一の文書となる。ただし、文書の形態、内容等から当該文書を作成した後切り離して行使又は保存することを予定していることが明らかなものについては、それぞれ各別の一の文書となる。
> 　（注）一の文書に日時を異にして各別の課税事項を記載証明する場合には、後から記載証明する部分は、法第4条《課税文書の作成とみなす場合等》第3項の規定により、新たに課税文書を作成したものとみなされることに留意する。

印紙税法基本通達第5条本文によれば、「一の文書」にあたるかどうかは、その形態、すなわち、物理的な形状により判断されることになります。複数の課税事項の記載の有無やその文書の枚数は、「一の文書」にあたるかどうかの判断を左右するものではありません。

また、印紙税法基本通達第5条ただし書きによれば、その文書の形態、内容等から切り離して行使又は保存することが予定されている場合には、それぞれが「一の文書」となります。例えば、複写式用紙の場合には、複写された2枚目以降を切り離して行使又は保存することが明らかですから、それぞれが「一の文書」となります。伝票形式の文書につ

いても同様です。

　なお、既に作成されている一の文書に、後日、課税事項を追加で記載した場合には、新たに課税文書を作成したものとみなされます（印基通5（注））。後日、課税事項を記載したとしても、物理的な形状からすれば、依然として「一の文書」のままですから、本来、別途、印紙税の納税義務は発生しないはずです。しかし、法は異なる日時に課税事項を記載した場合にはこの時点で、新たに「一の文書」を作成したものとみなし、別途、印紙税の納税義務が発生すると定めています（印法4③、印基通37）。

### (5) 証書及び通帳の意義

　課税文書は、別表第一課税物件表の第1号文書から第17号文書（以下「証書」といいます。）と第18号文書から第20号文書（以下「通帳等」といいます。）に大別することができます。そして、ある文書が証書か通帳等のどちらにあたるかによって、課税標準や税率も異なるため、両者は区別する必要があります。印紙税法基本通達第6条は、この区別の方法について定めています。

> 印紙税法基本通達第6条
> 　課税物件表の第1号から第17号までに掲げる文書（以下「証書」という。）と第18号から第20号までに掲げる文書（以下「通帳等」という。）とは、課税事項を1回限り記載証明する目的で作成されるか、継続的又は連続的に記載証明する目的で作成されるかによつて区別する。
> 　したがつて、証書として作成されたものであれば、作成後、更に課税事項が追加して記載証明されても、それは法第4条《課税文書の作成とみなす場合等》第3項の規定により新たな課税文書の作成とみな

> されることはあつても、当該証書自体は通帳等とはならず、また、通帳等として作成されたものであれば、2回目以後の記載証明がなく、結果的に1回限りの記載証明に終わることとなつても、当該通帳等は証書にはならない。
> 　なお、継続的又は連続的に課税事項を記載証明する目的で作成される文書であつても、課税物件表の第18号から第20号までに掲げる文書に該当しない文書は、課税文書に該当しないのであるから留意する。

　印紙税法基本通達第6条は、証書にあたるか通帳等にあたるかは、その文書の作成時における目的によって判断されることを明らかにしています。すなわち、課税事項を1回限り証明する目的で作成される文書は証書となり、継続的又は連続的に証明する目的で作成される文書は通帳等になります。そして、この「目的」については、文書に表れていない作成者の真の意図によって判断されるのではなく、文書の形式、内容等から客観的に判断されます。例えば、その文書に課税事項を複数回記入する欄が設けられているような場合には通帳等と判断され、そのような欄がない場合には証書と判断されます。

　そして、証書あるいは通帳等のいずれにあたるかは、あくまでその文書の作成時における目的によって判断されますから、証書として作成された文書に後日、課税事項が追加されて記載されたとしても、それにより事後的に通帳等と判断されることはありません。また、通帳等として作成された文書に結果として1個の課税事項しか記載されなかったとしても、それにより事後的に証書と判断されることはありません。

## (6) 証書兼用通帳の取扱い

　課税文書は、証書と通帳等に大別することができますが、文書によっては一の文書が証書と通帳等を兼ねている場合があります。例えば、生命保険の保険証券と保険料受取通帳が一つに組み合わされているもの、金銭消費貸借契約書と元利金の返済通帳が組み合わされているもの、債権売買契約書とその代金の受取通帳が組み合わされているもの等です。印紙税法基本通達第7条は、このような証書兼用通帳の取扱いについて明らかにしています。

---

印紙税法基本通達第7条

　証書と通帳等が一の文書となつているいわゆる証書兼用通帳の取扱いは、次による。
(1)　証書の作成時に通帳等の最初の付け込みがなされる文書は、一の文書が証書と通帳等に該当することとなり、通則3のニ又はホの規定によつて証書又は通帳等となる。

　なお、通則3のホの規定により証書となつた当該一の文書は、後日、法第4条《課税文書の作成とみなす場合等》第4項の規定に該当しない最初の付け込みを行つたときに、同条第3項の規定により通帳等が作成されたものとみなされる。
(2)　証書の作成時に通帳等の最初の付け込みがなされない文書は証書となる。

　なお、当該文書は、後日、法第4条第4項の規定に該当しない最初の付け込みを行つたときに、同条第3項の規定により通帳等が作成されたものとみなされる。

---

　通帳等は、最初の付け込み（印紙税法第4条第4項の定める一定の事項の付け込みを除きます。）がなされることで「作成」されたことになります（印基通44）。そのため、証書の作成時に最初の付け込みがなさ

れた場合には、一の文書が証書と通帳等に該当することになり、所属の決定が問題となります（印基通11柱書き）。そして、所属の決定により、この文書は証書又は通帳等となります（印基通11(9)〜(12)）。また、所属の決定により、この文書が証書として扱われることになった後、通帳等の課税事項の付け込み（印紙税法第4条4項の定める一定の事項の付け込みを除きます。）がされた場合には、新たに通帳等が作成されたものとみなされます（印法4③）。印紙税法基本通達第7条(1)は、以上の取扱いを明らかにしています。

他方で、証書の作成時に通帳等へ最初の付け込みがされない場合には、通帳等は「作成」されたとはいえないため、この文書は所属の決定が問題となることはなく、証書となります。そして、この文書に通帳等の課税事項の付け込み（印紙税法第4条4項の定める一定の事項の付け込みを除きます。）がされた場合には、その時点で通帳等が作成されたものとみなされます（印法4③）。印紙税法基本通達第7条(2)は、以上の取扱いについて明らかにしています。

## 3　契約書

### (1) 課税文書の要件としての「契約書」

別表第一課税物件表の課税物件欄に掲げる文書の中には、「〜契約書」というように、「契約書」であることをその要件として定めている文書があります（第1号文書、第2号文書、第5号文書、第7号文書、第12号文書、第13号文書、第14号文書、第15号文書）。すなわち、これらの課税文書にあたるためには、その文書が「契約書」であることが必要になります。

そして、通則5と印紙税法基本通達第12条は、その「契約書」の意義について定めています。両者は、基本的に同じ内容ですが、印紙税法

基本通達第12条の方が「契約書」の意義をより詳細に明らかにしています。以下では両者を順に確認します。

### ア　印紙税法別表第一課税物件表の適用に関する通則5

> 通則5
> 　この表の第1号、第2号、第7号及び第12号から第15号までにおいて「契約書」とは、契約証書、協定書、約定書その他名称のいかんを問わず、契約（その予約を含む。以下同じ。）の成立若しくは更改又は契約の内容の変更若しくは補充の事実（以下「契約の成立等」という。）を証すべき文書をいい、念書、請書その他契約の当事者の一方のみが作成する文書又は契約の当事者の全部若しくは一部の署名を欠く文書で、当事者間の了解又は商慣習に基づき契約の成立等を証することとされているものを含むものとする。

（ア）契約書かどうかは名称ではなく内容で判断する

　通則5は、「契約書」とは、「契約証書、協定書、約定書その他名称のいかんを問わず、契約（その予約を含む。以下同じ。）の成立若しくは更改又は契約の内容の変更若しくは補充の事実（以下「契約の成立等」という。）を証すべき文書」をいう旨を定めています。つまり、ある文書が契約書にあたるかどうかは、その文書の名称によって決まるのではなく、その文書が契約の成立等を証明する目的で作成された文書といえるかどうかによって決まるということです。これは、ある文書が課税文書に該当するかどうかの判断を、単に文書の名称や呼称によって行うものではないという点と共通しています。

## 【コラム】「本日の議事録」という名称の「契約書」

　契約の種類によっては、当事者間の交渉によって徐々にその内容が固まっていき、最終的な合意内容が契約書という正式な文書にまとめられる場合があります。そして、交渉過程においては、その都度、当事者間で合意に至った事項を、例えば、「本日の議事録」という文書に記載し、双方がこれに署名する場合があります。このような文書は、当事者間で合意に至った内容の記載と双方の署名がされていることからすると、当事者間で合意に至った内容を証明する目的で作成された文書であると認められますので、「契約書」にあたります。文書の名称が「本日の議事録」という、一般的には、「契約書」とは思えないような表題であっても、そのことを理由に契約書にあたらないと判断されることはありません。したがって、議事録を作成する都度、それぞれの議事録について課税事項の記載があれば印紙税の納税義務が発生することになります（印基通58）。

　また、ある議事録の作成によって生じた印紙税の納税義務は、その後に、別の議事録や正式な契約書が作成されたとしても、消滅することはありません。この文書の印紙税の納税義務は、議事録に当事者双方が署名した時に発生しますから、その後に別の議事録や正式な契約書が作成されたとしても遡って納税義務が消滅することにはならないからです。なお、それぞれの議事録は、その作成時より前に成立している契約内容の変更や契約内容の補充を証明する目的で作成された文書にあたります。

　このように、当事者間の交渉過程において、合意に至った事項をその都度、文書に記載し、双方が署名又は押印をしている場合には、正式な契約書とは別に、数多くの課税文書が作成されることになり、印紙税額も多額になる可能性があるため、注意が必要です。

（イ）契約には予約が含まれる

　通則5は、契約には予約が含まれる旨を定めています。予約とは、将来、一定の内容の契約を締結することを約する契約をいいます。当事者の一方又は双方は、予約という契約に基づき、予約完結請求権を有し、予約完結請求権の行使によって本契約が成立します（民法556・559）。

（ウ）契約の成立以外の事実を証明する文書も契約書になる

　通則5は、契約書とは、契約の成立若しくは更改又は契約の内容の変更若しくは補充の事実を証明する目的で作成された文書をいう旨を定めています。したがって、ある契約の成立の際に作成した文書に印紙を貼ったとしても、その契約の更改や内容の変更あるいは内容の補充をする際に別途、文書を作成すれば、その文書にも印紙を貼る必要があります。

　なお、契約の更改とは、契約によって既存の債務を消滅させて新たな債務を成立させることをいい（印基通16）、契約の内容の変更とは、既に存在している契約の同一性を失わせないで、その内容を変更することをいい（印基通17①）、契約の内容の補充とは、既に存在している契約の内容として欠けている事項を補充することをいいます（印基通18①）。

　契約の内容の変更と契約の内容の補充の違いは、前者が既に合意に至っていた事項を変更するものであるのに対し、後者はまだ合意に至っていなかった事項を事後的に追加するものであるという点にあります。

（エ）一方当事者が作成する文書、署名を欠く文書も契約書になる

　通則5は、契約書には、「念書、請書その他契約の当事者の一方のみが作成する文書又は契約の当事者の全部若しくは一部の署名を欠く文書で、当事者間の了解又は商慣習に基づき契約の成立等を証することとされているものを含む」と定めています。すなわち、一方当事者が作成する文書や当事者の署名がない文書であっても、「契約書」にあたる場合があります。

　一般的には、契約書は両当事者が共同して文案を作成し、双方の署名・押印がなされます。そのため、一方当事者が作成する文書や当事者双方の署名がない文書であっても、「契約書」にあたるというのは意外に感じられるかもしれません。しかし、印紙税法上は、一般的な契約書のイメージとは異なる文書であっても、「契約書」にあたる場合もありますので、この点は注意が必要です。

一方当事者が作成する文書がどのような場合に「契約書」にあたるのかについては、後述します（本章3(2)(3)）。

### イ　印紙税法基本通達第12条

> 印紙税法基本通達第12条
> 　法に規定する「契約書」とは、契約当事者の間において、契約（その予約を含む。）の成立、更改又は内容の変更若しくは補充の事実（以下「契約の成立等」という。）を証明する目的で作成される文書をいい、契約の消滅の事実を証明する目的で作成される文書は含まない。
> 　なお、課税事項のうちの一の重要な事項を証明する目的で作成される文書であっても、当該契約書に該当するのであるから留意する。
> 　おって、その重要な事項は別表第2に定める。

(ア) 契約の消滅の事実を証明する文書は「契約書」ではない

　印紙税法基本通達第12条は、契約の消滅の事実を証明する目的で作成される文書は、「契約書」には含まれないことを明らかにしています。前述の通り、「契約書」とは、契約の成立若しくは更改又は契約の内容の変更若しくは補充の事実を証明する目的で作成される文書をいいますが、契約の消滅は、契約の成立若しくは更改又は契約の内容の変更若しくは補充のいずれにも該当しませんので、それを証明する文書は「契約書」にはあたらないことになります。印紙税法基本通達第12条は、このことを確認したものといえます。

(イ) 1個以上の重要な事項を証明する目的で作成される必要がある

　印紙税法基本通達第12条は、その文言上、1個の「重要な事項」を証明する目的で作成される文書であっても「契約書」にあたることを明らかにしています。後述の通り、「重要な事項」というのは、契約の重要な要素となり得る事項ですので、そのような「重要な事項」のいずれ

かを証明する目的で作成される文書が「契約書」にあたるということは、当然のことであるともいえます。

ただ、実務上は、これを反対解釈し、「契約書」にあたるためには、その文書が少なくとも1個以上の「重要な事項」を証明する目的で作成される必要があると解されているようです。また、「重要な事項」を証明する目的で作成されたといえるためには、そもそもその文書に重要な事項が記載される必要があると解されています。

したがって、ある文書が「契約書」にあたるためには、①その文書中に1個以上の重要な事項の記載があり、かつ、②その重要な事項を証明する目的で作成されたといえる必要があります。文書中に1つも重要な事項の記載がないのであれば、その文書が「契約書」として課税文書になることはありません。

(ウ) 重要な事項

印紙税法基本通達別表第2は、「重要な事項」について、次の通り定めています。

---

印紙税法基本通達別表第2　重要な事項の一覧表

　第12条《契約書の意義》、第17条《契約の内容の変更の意義等》、第18条《契約の内容の補充の意義等》及び第38条《追記又は付け込みの範囲》の「重要な事項」とは、おおむね次に掲げる文書の区分に応じ、それぞれ次に掲げる事項（それぞれの事項と密接に関連する事項を含む。）をいう。

1　第1号の1文書
　第1号の2文書のうち、地上権又は土地の賃借権の譲渡に関する契約書
　第15号文書のうち、債権譲渡に関する契約書

> (1)　目的物の内容
> (2)　目的物の引渡方法又は引渡期日
> (3)　契約金額
> (4)　取扱数量
> (5)　単価
> (6)　契約金額の支払方法又は支払期日
> (7)　割戻金等の計算方法又は支払方法
> (8)　契約期間
> (9)　契約に付される停止条件又は解除条件
> (10)　債務不履行の場合の損害賠償の方法
> …（以下略）

　例えば、第1号の1文書についていえば、(1)～(10)の事項が第1号の1文書の重要な事項にあたります。したがって、ある文書が第1号の1文書にあたるためには、この(1)～(10)の事項のうち、1つ以上の事項が文書に記載され、かつ、それを証明する目的で作成される必要があります。

　印紙税法基本通達別表第2は、その冒頭において、文書ごとに掲げられた事項と密接に関連する事項についても重要な事項として取り扱う旨を定めていますので、第1号の1文書についていえば、(1)～(10)の事項以外も重要な事項になるようにも解されます。しかし、一般的には課税庁は密接に関連する事項の有無について判断することは極めて少ないようです。

　重要な事項の記載やその証明目的の有無の判断方法については、前述の課税事項の記載や証明目的の有無、課税文書に該当するかどうかの判断方法（印基通3）や他の文書の引用（印基通4）で述べたことがそのまま妥当します。

> **【コラム】印紙税の節税と文書の証拠としての価値の両立**
>
> 　印紙税は、特定の契約や権利等それ自体を課税対象とするのではなく、これらの事項を証明する目的で作成された文書を課税対象とするものです。そのため、当事者間で契約が成立したとしても、それを証明するための文書を作成しなければ、印紙税が課されることはありません。他方で、後日の紛争に備え、契約の成立を証明するために契約書を作成すれば、印紙税が課されることになります。
>
> 　同様に、文書中に重要な事項の記載をしなければ「契約書」にはあたりませんので、印紙税が課されることはありません。他方で、後日の紛争に備えるために契約書を作成するのであれば、重要な事項は記載せざるをえません。重要な事項は、ほぼ例外なく契約内容の重要な部分にあたるため、後日の紛争に備えるのであれば、契約書には重要な事項を記載することが必須といえるからです。
>
> 　印紙税の負担を免れるため、印紙税の課税要件を満たさないような文書を作成すると、文書の証拠としての価値が失われることがあります。そのため、印紙税の節税を図る際には、それによって文書の証拠としての価値が失われていないか併せて検討する必要があります。特に、独立した第三者との間で作成する文書については、後日の紛争に備える必要性が高いため、印紙税の節税を図るのであれば、このような検討が必須といえるでしょう。弁護士は、文書の証拠としての価値を判断することを専門としているため、印紙税の節税策を講じるのであれば、弁護士に相談することも有効な選択肢といえるでしょう。

## (2) 一方当事者の作成する「契約書」

　通則5によれば、契約の一方当事者の作成する文書であっても、それが当事者間の了解又は商慣習によれば、契約の成立等を証明する目的で作成される文書である場合には、「契約書」にあたります。一方当事者の作成する文書が「契約書」にあたるかどうかの判断は、実務上、文書の表題、契約成立等を示す文言の記載の有無、債務の承認の有無といった点を考慮して行われます。

### ア　文書の表題

　文書の表題が、念書、請書、承諾書、覚書、差入証、約定書等となっている場合、基本的には、「契約書」と判断されます。取引通念上、このような表題の文書については、当事者間で合意した事実や一方当事者による申込みを受けた他方当事者による承諾の事実が記載されることが多く、当事者間の了解又は商慣習によれば、契約の成立等を証明する目的で作成される文書といえるためです。

　例えば、不動産の売買をした際、売主から買主に対し、売渡証書という文書が交付されることがあります。売渡証書は、不動産登記をする際、売主が改めて売渡物件を表示して、その売渡事実を証明し、併せて代金の受領事実を記載して買主に交付するものです。これは、売主という契約の一方当事者の作成する文書ですが、「契約書」にあたります（国税庁HP質疑応答事例1号の1文書の11）。また、賃貸人が賃借人による土地の使用を承諾する際、賃貸人から賃借人に対し、使用承諾書という文書が交付されることがあります。この文書も賃貸人という契約の一方当事者の作成する文書ですが、「契約書」にあたります（国税庁HP質疑応答事例1号の2文書の6）。

### イ　契約成立等を示す文言の記載の有無

　文書中に、「承諾する」、「引き受ける」、「請ける」、「確認する」といった記載がある場合、当該文書は、「契約書」と判断される可能性が高いといえます。取引通念上、一方当事者からの申込みに対し、他方当事者が承諾する場合、このような文言が使用されることが多く、当事者間の了解又は商慣習によれば、契約の成立等を証明する目的で作成される文書といえるためです。

　例えば、請負契約において、請負人から注文者に対し、「注文お請け致します。」と記載された注文請書を交付した場合、これは請負人とい

う契約の一方当事者の作成する文書ですが、「契約書」にあたります（国税庁HP質疑応答事例2号文書の7）。

　また、一方当事者の作成した申込書に他方当事者が押印をして返却した場合、この押印は他方当事者による承諾と解されますから、この申込書は、「契約書」にあたります。

### ウ　債務の承認の有無

　文書中に、上記イで挙げたような文言が使用されていない場合であっても、債務者が自らの債務について自認する旨、記載されている場合には、当該文書は、「契約書」と判断される可能性があります。人は通常、自らに不利になるような虚偽の事実を述べることはなく、そのような事実を述べている場合には真実である可能性が高いといえます。このような経験則を前提として、裁判においては、自らの債務について自認する文書は契約成立等の有力な証拠となります。そのため、当事者の一方が自らの債務について自認する文書を作成した場合、客観的には、契約の成立等を証明する目的で作成されたといえるのです。

　例えば、金銭消費貸借契約の借主が貸主に対して交付する借用書は、借主が自らの債務である金銭の返還義務を認める文書にあたるため、契約の一方当事者が作成する文書ですが、「契約書」にあたります（国税庁HP質疑応答事例1号の3文書の2）。また、貸主が借主に対して交付する貸付決定通知書という文書は、貸主が自らの債務である貸付義務を認める文書にあたるため、契約の一方当事者が作成する文書ですが、「契約書」にあたります（国税庁HP質疑応答事例1号の3文書の4）。

## (3) 申込書等の扱い

### ア　申込書等の原則的扱いと例外的扱い

　契約とは、互いに対立する2個以上の意思表示の合致をいい、一方の

申込みとこれに対する他方の承諾によって成立します（印基通14）。したがって、申込みをしただけで契約が成立することは通常ありませんので、申込みの事実を記載した申込書、注文書、依頼書といった文書（「申込書等」といいます。）は、原則として「契約書」にはなりません。

しかし、課税文書に該当するかどうかは、文書の名称又は呼称、形式的な記載文言だけで判断するのではなく、その記載文言の実質的な意義に基づいて判断します（印基通3）。したがって、文書の表題が申込書、注文書、依頼書といったものであっても、その記載された文言を実質的に判断すると、「契約書」にあたる場合があります（通則5、印基通21①）。しかし、どのような申込書等が「契約書」にあたるか正確に判断するのは困難であり、その判断方法が不明確なままでは課税実務上、混乱が生じます。そこで、印紙税法基本通達第21条第2項において、申込書等が例外的に「契約書」にあたる場合が定められています（国税庁HP質疑応答事例（契約書の取扱い）8）。

なお、印紙税法基本通達第21条第2項は、「契約書」となる申込書等をあくまで例として示したにすぎませんので、この要件を満たさない申込書等であっても「契約書」になる場合があることには注意が必要です。

## イ 印紙税法基本通達第21条の定め

印紙税法基本通達第21条は、申込書等が「契約書」にあたる場合について、次のように定めています。

> 印紙税法基本通達第21条
> 1 契約は、申込みと当該申込みに対する承諾によって成立するのであるから、契約の申込みの事実を証明する目的で作成される単なる申込文書は契約書には該当しないが、申込書、注文書、依頼書等（次項において「申込書等」という。）と表示された文書であっても、

> 相手方の申込みに対する承諾事実を証明する目的で作成されるものは、契約書に該当する。
> 2 申込書等と表示された文書のうち、次に掲げるものは、原則として契約書に該当するものとする。
> (1) 契約当事者の間の基本契約書、規約又は約款等に基づく申込みであることが記載されていて、一方の申込みにより自動的に契約が成立することとなっている場合における当該申込書等。ただし、契約の相手方当事者が別に請書等契約の成立を証明する文書を作成することが記載されているものを除く。
> (2) 見積書その他の契約の相手方当事者の作成した文書等に基づく申込みであることが記載されている当該申込書等。ただし、契約の相手方当事者が別に請書等契約の成立を証明する文書を作成することが記載されているものを除く。
> (3) 契約当事者双方の署名又は押印があるもの

(ア) 基本契約書等に基づく申込みであって、自動的に契約が成立する場合

申込書等に基本契約書、規約、約款等に基づく申込みであることが記載されていて、一方の申込みにより自動的に契約が成立することとなっている場合には、この申込書等は「契約書」にあたります。ただし、このような場合であっても、申込書を受領した相手方が別途、請書等の契約の成立を証明する文書を作成することが申込書等に記載されている場合には、「契約書」にはあたりません。

① 基本契約書等に基づく旨の記載の有無

申込書等に基本契約書等に基づく申込みであることが記載されているかどうかは、申込書等の文言から判断されます。すなわち、基本契約書等に基づく申込みであるという文言が明記されているもののほか、基本

契約書等の記号、番号等が記載されていること等により、実質的に基本契約書等に基づくことが文書上、明らかな場合も基本契約書等に基づく申込みであることが記載されているといえます。基本契約書等の記号、番号等はその意義が実質的に判断されることになりますが、これは基本契約書等の記号、番号等はそれ単体では客観的な意味が不明瞭であるためと解されます。

② 自動的に契約が成立するかどうか

申込みにより自動的に契約が成立するかどうかは、まずは基本契約書等の文言から判断されます。すなわち、基本契約書等に「申込書を提出した時に自動的に契約が成立するものとする」という規定があれば、申込みにより自動的に契約が成立することになっているといえます。他方で、「申込書提出後、当方が応諾した場合に契約が成立するものとする」という規定があれば、申込みにより自動的に契約が成立することになっているとはいえません。

基本契約書等に契約の成立に関して定めた規定がない場合には、申込みにより自動的に契約が成立することになっているかどうかは実態判断となります。具体的には、申込書等の提出後、契約が不成立となることがあるのかどうかが問題となると解されます。契約が不成立となることがない場合には、申込みにより自動的に契約が成立することになっているといえます。他方で、契約が不成立となることがある場合には、申込みにより自動的に契約が成立することになっているとはいえません。

③ 相手方が請書等を作成する旨の記載の有無

申込書等に相手方が請書等を作成するという記載がある場合には、申込書等は「契約書」にはなりません。このような記載があるといえるかどうかは、申込書等の文言から形式的に判断され、実態は問われません。すなわち、申込書等にそのような記載があるかないかだけが問題になり、実際に請書等が作成されているのかどうかは問題になりません。そのた

め、申込書等に相手方が請書等を作成する旨の記載がない場合には、実際には相手方が請書等を作成している場合であっても、申込書等には相手方が請書等を作成する旨の記載はないものとして扱われます。

このように、実際に請書等が作成されているのかどうかは問題になりませんので、ある申込書等が上記①②の要件を満たす可能性が少しでもある場合には、念のため、申込書等に相手方が請書等を作成する旨の記載をしておくといった対策が考えられるでしょう。

(イ) 見積書に基づく申込みである場合

申込書等に見積書といった契約の相手方が作成した文書等に基づく申込みであることが記載されている場合には、この申込書等は「契約書」にあたります。ただし、申込書を受領した相手方が別途、請書等の契約の成立を証明する文書を作成することが申込書等に記載されている場合には、「契約書」にはあたりません。

申込書等に相手方が作成した文書等に基づく申込みであることが記載されているといえるかどうかの判断方法は、前述の基本契約書等に基づく申込みであることが記載されているといえるかどうかの判断方法((ア)①)と同様です。また、申込書等に相手方が請書等を作成するという記載があるかどうかの判断方法((ア)③)も前述の通りです。なお、基本契約書等に基づく申込みの場合と異なり、自動的に契約が成立するか否かの判断((ア)②)は不要です。

(ウ) 契約当事者双方の署名又は押印がある場合

申込書等に契約当事者双方の署名又は押印がある場合には、この申込書等は「契約書」にあたります。例えば、一方当事者が署名又は押印をした申込書等を他方当事者に提出し、他方当事者がこれに署名又は押印をして返却した場合、この申込書等は、「契約書」にあたります。

## 【コラム】申込書等が複写式用紙を使って作成された場合

　複写式用紙とは、1枚目の用紙に記入することで、その筆圧により、2枚目以降の用紙にも同様の記載がされるものをいいます。主に金融機関等で多用されています。では、「申込書」という表題の複写式用紙の1枚目に一方当事者が署名をし、他方当事者が2枚目の用紙に押印をして返却した場合、2枚目の用紙は「契約書」にあたるのでしょうか。

　複写式用紙を用いた場合、2枚目以降の用紙に記入された署名もまた、一方当事者の「署名」と認められます。複写式用紙を用いることで、一方当事者は2枚目以降に別途、記入する必要はありませんが、2枚目以降の署名も一方当事者が記入したものに他ならないからです。上記の「申込書」の2枚目の用紙には、一方当事者の署名が記載されており、他方当事者の押印もあるため、双方の署名又は押印があることを理由に、「契約書」にあたります（印基通21②三）。

　また、2枚目の用紙には、他方当事者の押印があり、これは一方当事者による申込みを承諾するものと解することができます。そのため、2枚目の用紙が「契約書」にあたることは、このような理由によっても説明することができます。

　なお、多くの場合、2枚目の用紙を他方当事者から一方当事者に返却することで、課税文書を「作成」したといえますから、印紙を貼った上でこれを返却する必要があります。

## 【コラム】申込書等の作成者

　後述の通り、契約書のうち念書、請書のように契約当事者の一方が作成したものの「作成者」（納税義務者）は、その文書を交付した者となります（本章7(1)ア）。申込書等が契約書となる場合も、これを交付した者が納税義務者となり、相手方に交付するまでに印紙を貼る必要があります。では、申込書等が契約書となる場合、誰が「交付した者」にあたるのでしょうか。

　申込書等が基本契約書等に基づくものでそれにより自動的に契約が成立する場合と見積書等に基づく場合は、申込者が「交付した者」にあたります。これらの場合には、申込者が申込書等を相手方に提出した時点

で、すでに両当事者間で契約が成立したと解することができるからです。したがって、申込者は、申込書等に印紙を貼った上で、相手方にこれを提出する必要があります。

他方で、申込書等に契約当事者双方の署名又は押印がある場合は、申込者ではなく、その相手方が交付した者にあたります。この場合、申込者が申込書等を相手方に提出した時点では、まだ両当事者間では契約は成立しておらず、契約が成立するのは相手方が申込書等に署名又は押印をしてこれを申込者に返却する時点であると解されるからです。したがって、相手方は、申込書等に印紙を貼った上で、申込者にこれを返却する必要があります。

印紙税法基本通達第21条第2項は、申込書等が「契約書」になる場合として3つの場合を例示として挙げていますが、3つ目の場合だけ申込者ではなく、相手方が納税義務者となりますので、この点、注意が必要です。

## (4) 契約書を複数作成した場合

印紙税法基本通達第19条は、契約書を複数作成した場合の扱いについて明らかにしています。

> 印紙税法基本通達第19条
> 1 契約当事者間において、同一の内容の文書を2通以上作成した場合において、それぞれの文書が課税事項を証明する目的で作成されたものであるときは、それぞれの文書が課税文書に該当する。
> 2 写、副本、謄本等と表示された文書で次に掲げるものは、課税文書に該当するものとする。
> (1) 契約当事者の双方又は一方の署名又は押印があるもの(ただし、文書の所持者のみが署名又は押印しているものを除く。)
> (2) 正本等と相違ないこと、又は写し、副本、謄本等であることの契約当事者の証明(正本等との割印を含む。)のあるもの(ただし、文書の所持者のみが証明しているものを除く。)

## ア　同一内容の文書であっても各々が課税文書になること

　第1項は、同一内容の文書を複数作成した場合であっても、各々が課税事項を証明する目的で作成されたといえる限り、いずれも課税文書になることを明らかにしています。一般に、契約締結の際、契約書の正本は契約当事者の数だけ作成され、それぞれに交付されますが、いずれの文書にも印紙を貼る必要があります。

## イ　契約書の写しの扱い

　第2項は、契約書の写しであっても一定の要件を満たす場合には、課税文書になることを明らかにしています。このような場合には、契約書の写しとはいえ、課税事項を証明する目的で作成されたといえるためです。

　ところで、第2項には、「写、副本、謄本等と表示された文書」と定められていますので、写、副本、謄本等という表示がされていない文書については、第2項(1)又は(2)の要件を満たす場合であっても課税文書には該当しないのではないかと思われるかもしれません。しかし、このような表示がされていない文書であっても、(1)又は(2)の要件を満たす場合には、課税事項を証明する目的で作成されたものと認められますので、課税文書に該当することになります。つまり、「写、副本、謄本等と表示された文書」であることが課税文書の要件となるわけではありませんので、この点、注意が必要です。

　なお、契約書の正本を複写機で複写した場合、複写しただけではこの写しが課税文書になることはありません。この写しには、契約当事者の署名、押印も複写されていますが、これは第2項に定める「署名又は押印」とはいえないからです。契約当事者がこの写しに改めて署名又は押印をすることで、第2項の要件を満たし、課税文書になります。同様に、契約書の正本をFAXや電子メール等により送信する場合、送付先で出

力される文書は写しであり、これには複写された署名又は押印しかありませんので、課税文書にはなりません。

## (5) 契約当事者以外に提出する場合

契約書は、監督官庁や融資銀行等、契約当事者以外の者に提出される場合があります。このような契約書についても課税文書になるのでしょうか。印紙税法基本通達第20条は、このような場合の取扱いについて明らかにしており、一定の要件を満たす場合には課税文書にあたらないとしています。

> 印紙税法基本通達第20条
>   契約当事者以外の者(例えば、監督官庁、融資銀行等当該契約に直接関与しない者をいい、消費貸借契約における保証人、不動産売買契約における仲介人等当該契約に参加する者を含まない。)に提出又は交付する文書であって、当該文書に提出若しくは交付先が記載されているもの又は文書の記載文言からみて当該契約当事者以外の者に提出若しくは交付することが明らかなものについては、課税文書に該当しないものとする。
>   (注) 消費貸借契約における保証人、不動産売買契約における仲介人等は、課税事項の契約当事者ではないから、当該契約の成立等を証すべき文書の作成者とはならない。

順に要件を確認しましょう。

まず、「契約当事者以外の者」とは、かっこ書きの通り、契約に直接関与しない者をいい、保証人や仲介人といった契約に参加する者はこれにあたりません。

次に、「提出又は交付する文書」とは、契約当事者以外の者に提出又は交付する目的で作成された文書をいうと解されています。したがっ

て、契約当事者間において契約の成立等を証明する目的で作成された文書が結果的に契約当事者以外の者に提出又は交付されたにすぎない場合には、契約当事者以外の者に提出又は交付する目的で作成された文書であるとは認められません。また、契約当事者が所持したまま契約当事者以外の者に提出されなかった文書は、契約当事者以外の者に提出又は交付する目的で作成された文書であるとは認められません。

そして、「当該文書に提出若しくは交付先が記載されているもの又は文書の記載文言からみて当該契約当事者以外の者に提出若しくは交付することが明らかなもの」とは、例えば「○○提出用」という記載のある契約書がこれにあたります。

最後に、(注)の意味するところを確認しましょう。前述の通り、「契約当事者以外の者」には消費貸借契約における保証人や不動産売買契約における仲介人は含まれないため、保証人や仲介人に提出又は交付する契約書は、印紙税法基本通達第20条の要件を満たさず、課税文書になります。しかし、契約書の作成名義人は契約当事者であるところ、保証人は消費貸借契約の契約当事者ではありませんし、仲介人も不動産売買契約の契約当事者ではありません。したがって、保証人や仲介人は、契約書の作成者にはあたらないため、印紙税の納税義務を負いません。消費貸借契約における貸主及び借主、不動産売買契約における売主及び買主が契約当事者として作成者にあたるため、これらの者が保証人や仲介人に提出する契約書も含めて印紙税の納税義務を負います。

## 4 所属の決定

### (1) 所属の決定とは

課税事項は、第1号文書の課税事項から第20号文書の課税事項まで20種類あります。そのため、1つの文書に異なる複数の課税事項が記載

されることがあります。

　例えば、文書の中で、工事を請け負った事実が記載されるとともに、工事の手付金の受取事実が記載されているとします。この場合、この文書には、請負に関する契約書（第2号文書）の課税事項と金銭又は有価証券の受取書（第17号文書）の課税事項という2つの課税事項の記載があるといえます。

　1つの文書に異なる複数の課税事項が記載されている場合、その課税事項ごとに印紙税額を算定し、これらを合算するという方法も考えられます。先の例でいえば、第2号文書としての印紙税額と第17号文書としての印紙税額をそれぞれ算定し、これらを合算することになります。しかし、現行の印紙税法はそのような方法は採用せず、1つの文書に異なる複数の課税事項が記載されている場合には、そのいずれか1つの号の文書として扱うという方法を採用しました（通則3、印基通11）。これを実務上、所属の決定といいます。

　所属の決定については、通則3と印紙税法基本通達第11条に定められていますが、両者の内容は同じです。通則3（印基通11）は、原則として、①該当する号のうち税率の最も高い文書に所属させる、②税率が同じ場合は先に掲げられている号の文書に所属させる、③証書と通帳の双方に該当する場合には通帳の号の文書に所属させるという基本的な考え方に基づいて定められています（国税庁HP質疑応答事例（所属の決定）1）。

## （2）所属の決定方法

　所属の決定方法は、以下の通りです（通則3、印基通11）。

| | 文書の種類 | 所属する号 |
|---|---|---|
| ① | 課税物件表の第1号に掲げる文書と同表第3号から第17号までに掲げる文書とに該当する文書（ただし、③又は④に該当する文書を除く。） | 第1号文書 |
| | （例）不動産及び債権売買契約書（第1号文書と第15号文書） | |
| ② | 課税物件表の第2号に掲げる文書と同表第3号から第17号までに掲げる文書とに該当する文書（ただし、③又は④に該当する文書を除く。） | 第2号文書 |
| | （例）工事請負及びその工事の手付金の受取事実を記載した契約書（第2号文書と第17号文書） | |
| ③ | 課税物件表の第1号又は第2号に掲げる文書で契約金額の記載のないものと同表第7号に掲げる文書とに該当する文書 | 第7号文書 |
| | （例）継続する物品運送についての基本的な事項を定めた記載金額のない契約書（第1号文書と第7号文書） | |
| | （例）継続する請負についての基本的な事項を定めた記載金額のない契約書（第2号文書と第7号文書） | |
| ④ | 課税物件表の第1号又は第2号に掲げる文書と同表第17号に掲げる文書とに該当する文書のうち、売上代金に係る受取金額（100万円を超えるものに限る。）の記載があるもので、その金額が同表第1号若しくは第2号に掲げる文書に係る契約金額（当該金額が2以上ある場合には、その合計額）を超えるもの又は同表第1号若しくは第2号に掲げる文書に係る契約金額の記載のないもの | 第17号の1文書 |
| | （例）売掛金800万円のうち600万円を領収し、残額200万円を消費貸借の目的とすると記載された文書（第1号文書と第17号の1文書） | |
| | （例）工事請負単価を定めるとともに180万円の手付金の受取事実を記載した文書（第2号文書と第17号の1文書） | |

| | | |
|---|---|---|
| ⑤ | 課税物件表の第1号に掲げる文書と同表第2号に掲げる文書とに該当する文書（ただし、⑥に該当する文書を除く。） | 第1号文書 |
| | （例）機械製作及びその機械の運送契約書（第1号文書と第2号文書） | |
| | （例）請負及びその代金の消費貸借契約書（第1号文書と第2号文書） | |
| ⑥ | 課税物件表の第1号に掲げる文書と同表第2号に掲げる文書とに該当する文書で、それぞれの課税事項ごとの契約金額を区分することができ、かつ、同表第2号に掲げる文書についての契約金額が第1号に掲げる文書についての契約金額を超えるもの | 第2号文書 |
| | （例）機械の製作費20万円及びその機械の運送料10万円と記載された契約書（第1号文書と第2号文書） | |
| | （例）請負代金100万円、うち80万円を消費貸借の目的とすると記載された契約書（第1号文書と第2号文書） | |
| ⑦ | 課税物件表の第3号から第17号までの2以上の号に該当する文書（ただし、⑧に該当する文書を除く。） | 最も号数の少ない号の文書（第7号文書） |
| | （例）継続する債権売買についての基本的な事項を定めた契約書（第7号文書と第15号文書） | |
| ⑧ | 課税物件表の第3号から第16号までに掲げる文書と同表第17号に掲げる文書とに該当する文書のうち、売上代金に係る受取金額（100万円を超えるものに限る。）が記載されているもの | 第17号の1文書 |
| | （例）債権の売買代金200万円の受取事実を記載した債権売買契約書（第15号文書と第17号の1文書） | |

| | | |
|---|---|---|
| ⑨ | 証書と通帳等とに該当する文書（ただし、⑩、⑪又は⑫に該当する文書を除く。）<br>（例）生命保険証券兼保険料受取通帳（第10号文書と第18号文書）<br>（例）債権売買契約書とその代金の受取通帳（第15号文書と第19号文書） | 通帳等（第18号文書、第19号文書） |
| ⑩ | 契約金額が10万円を超える課税物件表の第1号に掲げる文書と同表第19号又は第20号に掲げる文書とに該当する文書<br>（例）契約金額が100万円の不動産売買契約書とその代金の受取通帳（第1号文書と第19号文書）<br>（例）契約金額が50万円の消費貸借契約書とその消費貸借に係る金銭の返還金及び利息の受取通帳（第1号文書と第19号文書） | 第1号文書 |
| ⑪ | 契約金額が100万円を超える課税物件表の第2号に掲げる文書と同表第19号又は第20号に掲げる文書とに該当する文書<br>（例）契約金額が150万円の請負契約書とその代金の受取通帳（第2号文書と第19号文書） | 第2号文書 |
| ⑫ | 売上代金の受取金額が100万円を超える課税物件表の第17号に掲げる文書と同表第19号又は第20号に掲げる文書とに該当する文書<br>（例）下請前払金200万円の受取事実を記載した請負通帳（第17号の1文書と第19号文書） | 第17号の1文書 |
| ⑬ | 課税物件表の第18号に掲げる文書と同表第19号に掲げる文書とに該当する文書 | 第19号文書 |

## (3) 契約の内容の変更又は補充の場合の所属の決定方法
### ア　印紙税法基本通達の定め

　契約の内容の変更を証明するための契約書（以下「変更契約書」といいます。）又は補充を証明するための契約書（以下「補充契約書」とい

います。)の所属の決定方法については、印紙税法基本通達第17条第2項、第18条第2項が明らかにしています。その内容は、これまで解説してきた内容と特に変わりません。

　変更契約書や補充契約書で1つも重要な事項を変更又は補充していない場合には、その文書が課税文書になることはありません（印基通17②(4)・18②(4)）。これは、前述の通り、「契約書」にあたるためには、少なくとも1個以上の重要な事項の記載が必要になるからです（本章3(1)イ(イ)）。

　変更契約書や補充契約書がどの号の文書になるのかは、そこで変更又は補充されている重要な事項がどの号の文書のものなのかによって決まります（印基通17②(1)(3)・18②(1)(3)）。例えば、元の契約書が消費貸借に関する契約書（第1号の3文書）であっても、変更契約書や補充契約書で変更又は補充された重要な事項が債務の保証に関する契約書（第13号文書）の重要な事項である場合には、変更契約書や補充契約書は、第13号文書となります。すなわち、変更契約書や補充契約書がどの号の文書になるのかは、元の契約書とは独立して判断します。

　変更契約書や補充契約書で異なる複数の課税事項が変更又は補充されている場合には、前述した所属の決定方法によってどの号の文書に所属するかを決定します（印基通17②(2)・18②(2)）。

イ　事例検討

　変更契約書や補充契約書の所属の決定方法について事例を用いて確認をしましょう。

事例1

> 報酬月額及び契約期間の記載がある清掃請負契約書（第2号文書と第7号文書にあたり、所属は第2号文書に決定）の報酬月額を変更するもので、契約期間又は報酬総額の記載のない契約書

報酬月額は、第2号文書と第7号文書の重要な事項のうち「単価」にあたるため、この変更契約書には第2号文書と第7号文書の重要な事項の記載があるといえます。したがって、この変更契約書は第2号文書と第7号文書にあたります。そして、報酬総額は第2号文書の「契約金額」にあたりますが、これは記載されていません。また、契約期間が記載されていれば、変更された報酬月額と契約期間から報酬総額を計算して求めることができますが（印基通24(6)）、この文書には契約期間は記載されておらず、これを元の契約書から引用することもできません（印基通4②）。したがって、いずれにせよ、この変更契約書には第2号文書の「契約金額」は記載されていません。

　以上より、この変更契約書は、契約金額の記載のない第2号文書と第7号文書にあたりますので、所属の決定によって第7号文書となります（通則3イただし書き、印基通17②(2)1）。

事例2

> 報酬月額及び契約期間の記載がある清掃請負契約書（第2号文書と第7号文書にあたり、所属は第2号文書に決定）の報酬月額を変更するもので、契約期間又は報酬総額の記載のある契約書

　報酬月額は、第2号文書と第7号文書の重要な事項のうち「単価」にあたるため、この変更契約書には第2号文書と第7号文書の重要な事項の記載があるといえます。したがって、この変更契約書は第2号文書と第7号文書にあたります。そして、報酬総額は、第2号文書の「契約金額」にあたります。また、報酬総額そのものが記載されていない場合であっても契約期間が記載されていれば、変更された報酬月額と契約期間から報酬総額を求めることができます（印基通24(6)）。したがって、契約期間又は報酬総額が記載されている場合には、第2号文書の「契約金額」の記載があるといえます。

以上より、この変更契約書は第2号文書と第7号文書にあたりますが、第2号文書の契約金額の記載がありますから、所属の決定によって、第2号文書となります（通則3イ、印基通17②(2)2）。

事例3

> 契約金額の記載のない清掃請負契約書（第2号文書と第7号文書にあたり、所属は第7号文書に決定）の報酬月額及び契約期間を決定する契約書

　報酬月額は、第2号文書と第7号文書の重要な事項のうち「単価」にあたるため、この補充契約書には第2号文書と第7号文書の重要な事項の記載があるといえます。したがって、この変更契約書は第2号文書と第7号文書にあたります。また、契約期間が記載されていれば、補充された報酬月額と契約期間から報酬総額を求めることができます（印基通24(6)）。したがって、契約期間が記載されている場合には、第2号文書の「契約金額」の記載があるといえます。

　以上より、この補充契約書は第2号文書と第7号文書にあたりますが、第2号文書の契約金額の記載がありますから、所属の決定によって、第2号文書となります（通則3イ、印基通18②(2)）。

## 5　記載金額

　課税文書には、記載金額によって税率区分が異なるものや一定金額未満のものを非課税文書としているものがあります。そして、記載金額とは、契約金額、手形金額、券面金額、受取金額としてその文書に記載されている金額で、直接証明の目的となっている金額をいいます（通則4）。すなわち、契約金額、手形金額、券面金額、受取金額といった金額が文書に記載された場合、これは記載金額と呼ばれることになります。

## (1) 契約金額の意義

　第1号文書及び第2号文書では、記載された契約金額によって税率区分が異なり、これが一定金額未満の場合には非課税文書となります。また、第15号文書においても記載された契約金額が一定金額未満の場合には非課税文書となります。そこで、どのような金額が「契約金額」にあたるのかが問題となりますが、印紙税法基本通達第23条が、「契約金額」とは当該文書において契約の成立等に関し直接証明の目的となっている金額をいうことを明らかにするとともに、文書の区分に応じた「契約金額」の意義について具体例を示しつつ明らかにしています。

> 印紙税法基本通達第23条
> 　課税物件表の第1号、第2号及び第15号に規定する「契約金額」とは、次に掲げる文書の区分に応じ、それぞれ次に掲げる金額で、当該文書において契約の成立等に関し直接証明の目的となっているものをいう。
> (1)　第1号の1文書及び第15号文書のうちの債権譲渡に関する契約書　譲渡の形態に応じ、次に掲げる金額
> 　イ　売買　売買金額
> 　(例)　土地売買契約書において、時価60万円の土地を50万円で売買すると記載したもの
> (第1号文書) 50万円
> (注)　60万円は評価額であって売買金額ではない。
> 　ロ　交換　交換金額
> 　なお、交換契約書に交換対象物の双方の価額が記載されているときはいずれか高い方（等価交換のときは、いずれか一方）の金額を、交換差金のみが記載されているときは当該交換差金をそれぞれ交換金額とする。

（例）　土地交換契約書において
1　甲の所有する土地（価額100万円）と乙の所有する土地（価額110万円）とを交換し、甲は乙に10万円支払うと記載したもの
（第1号文書）110万円
2　甲の所有する土地と乙の所有する土地とを交換し、甲は乙に10万円支払うと記載したもの
（第1号文書）10万円
　ハ　代物弁済　代物弁済により消滅する債務の金額
　　なお、代物弁済の目的物の価額が消滅する債務の金額を上回ることにより、債権者がその差額を債務者に支払うこととしている場合は、その差額を加えた金額とする。
　（例）　代物弁済契約書において
1　借用金100万円の支払いに代えて土地を譲渡するとしたもの
（第1号文書）100万円
2　借用金100万円の支払いに代えて150万円相当の土地を譲渡するとともに、債権者は50万円を債務者に支払うとしたもの
（第1号文書）150万円
　ニ　法人等に対する現物出資　出資金額
　ホ　その他　譲渡の対価たる金額
　（注）　贈与契約においては、譲渡の対価たる金額はないから、契約金額はないものとして取り扱う。
(2)　第1号の2文書　　設定又は譲渡の対価たる金額
　なお、「設定又は譲渡の対価たる金額」とは、賃貸料を除き、権利金その他名称のいかんを問わず、契約に際して相手方当事者に交付し、後日返還されることが予定されていない金額をいう。したがって、後日返還されることが予定されている保証金、敷金等は、契約金額には該当しない。

> (3) 第1号の3文書　消費貸借金額
> 　なお、消費貸借金額には利息金額を含まない。
> (4) 第1号の4文書　運送料又は用船料
> (5) 第2号文書　請負金額
> (6) 第15号文書のうちの債務引受けに関する契約書　引き受ける債務の金額

## (2) 記載金額の計算方法

　文書によっては、複数の記載金額が記載されている場合があります。また、記載金額そのものが記載されていない場合であっても、これを計算等によって明らかにすることができる場合があります。通則4と印紙税法基本通達第24条、第30条第2項は、記載金額の計算方法について定めていますが、両者の内容は同じです。記載金額の計算方法は、以下の通りです（通則4、印基通24・30②）。

> 通則4のイ（印基通24(1)）
> 　当該文書に2以上の記載金額があり、かつ、これらの金額が同一の号に該当する文書により証されるべき事項に係るものである場合には、これらの金額の合計額を当該文書の記載金額とする。

具体例

事例：請負契約書（第2号文書）に「A工事200万円、B工事300万円」
　　　と記載されている場合

結論：記載金額は500万円

> 通則4のロ（印基通24(2)(3)）
> 　当該文書が2の規定によりこの表の2以上の号に該当する文書である場合には、次に定めるところによる。

> （一）当該文書の記載金額を当該2以上の号のそれぞれに掲げる文書により証されるべき事項ごとに区分することができるときは、当該文書が3の規定によりこの表のいずれの号に掲げる文書に所属することとなるかに応じ、その所属する号に掲げる文書により証されるべき事項に係る金額を当該文書の記載金額とする。
>
> （二）当該文書の記載金額を当該2以上の号のそれぞれに掲げる文書により証されるべき事項ごとに区分することができないときは、当該金額（当該金額のうちに、当該文書が3の規定によりこの表のいずれかの号に所属することとなる場合における当該所属する号に掲げる文書により証されるべき事項に係る金額以外の金額として明らかにされている部分があるときは、当該明らかにされている部分の金額を除く。）を当該文書の記載金額とする。

（一）の具体例
事例：不動産及び債権売買契約書（第1号文書及び第15号文書）で、「不動産700万円、債権200万円」と記載されている場合
結論：第1号文書に所属するため、記載金額は第1号文書の700万円

（二）の具体例
事例：不動産及び債権売買契約書（第1号文書及び第15号文書）で、「不動産及び債権の売買の対価として500万円」と記載されている場合
結論：記載金額は500万円

> 通則4のハ（印基通24(4)(5)）
> 当該文書が第17号に掲げる文書（3の規定により同号に掲げる文書

となるものを含む。）のうち同号の物件名の欄1に掲げる受取書である場合には、税率の適用に関しては、イ又はロの規定にかかわらず、次に定めるところによる。
(一) 当該受取書の記載金額を売上代金に係る金額とその他の金額に区分することができるときは、売上代金に係る金額を当該受取書の記載金額とする。
(二) 当該受取書の記載金額を売上代金に係る金額とその他の金額に区分することができないときは、当該記載金額（当該金額のうちに売上代金に係る金額以外の金額として明らかにされている部分があるときは、当該明らかにされている部分の金額を除く。）を当該受取書の記載金額とする。

(一) の具体例
事例：貸付金元本と利息の受取書（第17号文書）で、「貸付金元本200万円、貸付金利息20万円」と記載されている場合
結論：記載金額は売上代金の20万円

(二) の具体例
事例：貸付金元本及び利息の受取書（第17号文書）で、「貸付金元本及び利息として210万円」と記載されている場合
結論：記載金額は210万円

通則4のニ（印基通30②）
　契約金額等の変更の事実を証すべき文書について、当該文書に係る契約についての変更前の契約金額等の記載のある文書が作成されていることが明らかであり、かつ、変更の事実を証すべき文書により変更

> 金額(変更前の契約金額等と変更後の契約金額等の差額に相当する金額をいう。以下同じ。)が記載されている場合(変更前の契約金額等と変更後の契約金額等が記載されていることにより変更金額を明らかにすることができる場合を含む。)には、当該変更金額が変更前の契約金額等を増加させるものであるときは、当該変更金額を当該文書の記載金額とし、当該変更金額が変更前の契約金額等を減少させるものであるときは、当該文書の記載金額の記載はないものとする。

具体例

事例:土地の売買契約の変更契約書において、当初の売買金額1,000万円を100万円増額すると記載したもので、当初の売買金額1,000万円の契約書が作成されていることが明らかである場合

結論:記載金額は100万円

事例:土地の売買契約の変更契約書において、当初の売買金額1,000万円を100万円減額すると記載したもので、当初の売買金額1,000万円の契約書が作成されていることが明らかである場合

結論:記載金額はなし

> 通則4のホ(印基通24(6)〜(9))
> 次の(一)から(三)までの規定に該当する文書の記載金額については、それぞれ(一)から(三)までに定めるところによる。
> (一)当該文書に記載されている単価及び数量、記号その他によりその契約金額等の計算をすることができるときは、その計算により算出した金額を当該文書の記載金額とする。
> (二)第1号又は第2号に掲げる文書に当該文書に係る契約について

> の契約金額又は単価、数量、記号その他の記載のある見積書、注文書その他これらに類する文書（この表に掲げる文書を除く。）の名称、発行の日、記号、番号その他の記載があることにより、当事者間において当該契約についての契約金額が明らかであるとき又は当該契約についての契約金額の計算をすることができるときは、当該明らかである契約金額又は当該計算により算出した契約金額を当該第1号又は第2号に掲げる文書の記載金額とする。
>
> （三）第17号に掲げる文書のうち売上代金として受け取る有価証券の受取書に当該有価証券の発行者の名称、発行の日、記号、番号その他の記載があること、又は同号に掲げる文書のうち売上代金として受け取る金銭若しくは有価証券の受取書に当該売上代金に係る受取金額の記載のある支払通知書、請求書その他これらに類する文書の名称、発行の日、記号、番号その他の記載があることにより、当事者間において当該売上代金に係る受取金額が明らかであるときは、当該明らかである受取金額を当該受取書の記載金額とする。

（一）の具体例

事例：物品加工契約書（第2号文書）で、「A物品単価500円、数量10,000個」と記載されている場合

結論：記載金額は500万円

（二）の具体例

① 「契約金額が明らかであるとき」の具体例

事例：「請負金額は貴注文書第80号のとおりとする。」と記載されている工事請負に関する注文請書で、注文書第80号に記載されている請負金額が500万円

結論：記載金額は500万円

② 「契約金額の計算をすることができるとき」の具体例
事例：「加工数量及び加工料単価は貴注文書第 82 号のとおりとする。」と記載されている物品の委託加工に関する注文請書で、注文書第 82 号に記載されている数量が 1 万個、単価が 500 円
結論：記載金額は 500 万円

③ 「この表に掲げる文書を除く」の具体例
事例：「加工数量は 1 万個、加工料は委託加工基本契約書のとおりとする。」と記載されている物品の委託加工に関する注文請書
結論：記載金額はなし

(三) の具体例
事例：株式会社 A 発行の No.100 の小切手と記載した受取書
結論：記載金額は当該小切手の券面金額

> 通則 4 のヘ（印基通 24(10)）
> 　当該文書の記載金額が外国通貨により表示されている場合には、当該文書を作成した日における外国為替及び外国貿易法（昭和 24 年法律第 228 号）第 7 条第 1 項（外国為替相場）の規定により財務大臣が定めた基準外国為替相場又は裁定外国為替相場により当該記載金額を本邦通貨に換算した金額を当該文書についての記載金額とする。

具体例
事例：債権売買契約書（第 15 号文書）で、「A 債権米貨 10,000 ドル」と記載されている場合で、この文書の作成時の米貨 10,000 ドルは 130 万円に換算できる場合
結論：記載金額は 130 万円

## (3) 予定金額、最高金額、最低金額

文書によっては、確定した金額ではなく、予定金額や最低金額、最高金額を記載している場合もあります。このような場合の記載金額については、印紙税法基本通達第26条が明らかにしています。具体例の表については、右端の欄の金額が記載金額となります。

印紙税法基本通達第26条
　予定金額等が記載されている文書の記載金額の計算は、次の区分に応じ、それぞれ次に掲げるところによる。
(1)　記載された契約金額等が予定金額又は概算金額である場合
予定金額又は概算金額
(例)

| 予定金額 | 250万円 | 250万円 |
| 概算金額 | 250万円 | 250万円 |
| 約 | 250万円 | 250万円 |

(2)　記載された契約金額等が最低金額又は最高金額である場合
最低金額又は最高金額
(例)

| 最低金額 | 50万円 | 50万円 |
| | 50万円以上 | 50万円 |
| | 50万円超 | 50万1円 |
| 最高金額 | 100万円 | 100万円 |
| | 100万円以下 | 100万円 |
| | 100万円未満 | 99万9,999円 |

(3)　記載された契約金額等が最低金額と最高金額である場合
最低金額
(例)

| 50万円から100万円まで | 50万円 |
| 50万円を超え100万円以下 | 50万1円 |

(4) 記載されている単価及び数量、記号その他によりその記載金額が計算できる場合において、その単価及び数量等が、予定単価又は予定数量等となっているとき

(1)から(3)までの規定を準用して算出した金額

(例)

| 予定単価1万円、予定数量100個 | 100万円 |
|---|---|
| 概算単価1万円、概算数量100個 | 100万円 |
| 予定単価1万円、最低数量100個 | 100万円 |
| 最高単価1万円、最高数量100個 | 100万円 |
| 単価1万円で50個から100個まで | 50万円 |

## (4) 契約の一部についての金額

契約書に契約の一部についての契約金額しか記載されていない場合は、その金額が記載金額となります（印基通27）。

例えば、請負契約書に、「A工事100万円。ただし、附帯工事については実費による。」と記載されている場合には、記載金額は100万円となります。

## (5) 手付金、内入金

手付金や内入金のように契約金額とは認められない金額については、記載金額にはなりません（印基通28）。

## (6) 月単位等で契約金額を定めている場合

月単位等で金額を定めている契約書で、契約期間の記載があるものは、月単位等の金額に契約期間の月数等を乗じることで、総額を計算することができますから、この総額が記載金額となります。契約期間の記載がない場合には、総額を計算することができませんから、記載金額はないものとして扱われます（契約期間は他の文書から引用することができな

い点にも注意してください。)。なお、契約期間の更新の定めがあるものについては、更新前の期間のみが総額の計算の際の契約期間となります(印基通29)。

　例えば、ビル清掃請負契約書において、「清掃料は月10万円、契約期間は1年とするが、当事者異議なきときは更に1年延長する。」と記載されている場合には、更新前の期間である1年のみが総額の計算の際の契約期間となりますから、記載金額は120万円となります。

## (7) 契約金額を変更する場合

　契約当初に合意した契約金額を後日、当事者間において改める場合があります。印紙税法基本通達第30条は、契約金額を変更する契約書の記載金額について明らかにしています。なお、印紙税法基本通達第30条第2項は、前述の通則4ニと同じ内容です。

印紙税法基本通達第30条
1　契約金額を変更する契約書(次項に該当するものを除く。)については、変更後の金額が記載されている場合(当初の契約金額と変更金額の双方が記載されていること等により、変更後の金額が算出できる場合を含む。)は当該変更後の金額を、変更金額のみが記載されている場合は当該変更金額をそれぞれ記載金額とする。
(例)　土地売買契約変更契約書において
1　当初の売買金額100万円を10万円増額(又は減額)すると記載したもの
(第1号文書)　110万円(又は90万円)
2　当初の売買金額を10万円増額(又は減額)すると記載したもの
(第1号文書)　10万円

2　契約金額を変更する契約書のうち、通則4のニの規定が適用され

る文書の記載金額は、それぞれ次のようになるのであるから留意する。
　なお、通則4のニに規定する「当該文書に係る契約についての変更前の契約金額等の記載のある文書が作成されていることが明らかであり」とは、契約金額等の変更の事実を証すべき文書（以下「変更契約書」という。）に変更前の契約金額等を証明した文書（以下「変更前契約書」という。）の名称、文書番号又は契約年月日等変更前契約書を特定できる事項の記載があること又は変更前契約書と変更契約書とが一体として保管されていること等により、変更前契約書が作成されていることが明らかな場合をいう。
(1)　契約金額を増加させるものは、当該契約書により増加する金額が記載金額となる。
（例）　土地の売買契約の変更契約書において、当初の売買金額1,000万円を100万円増額すると記載したもの又は当初の売買金額1,000万円を1,100万円に増額すると記載したもの
（第1号文書）100万円
(2)　契約金額を減少させるものは、記載金額のないものとなる。
（例）　土地の売買契約の変更契約書において、当初の売買金額1,000万円を100万円減額すると記載したもの又は当初の売買金額1,100万円を1,000万円に減額すると記載したもの
（第1号文書）記載金額なし
（注）　変更前契約書の名称等が記載されている文書であっても、変更前契約書が現実に作成されていない場合は、第1項の規定が適用されるのであるから留意する。

　まず、第30条第1項は、原則的取扱いを明らかにしています。すなわち、変更後の金額が明らかな場合には変更後の金額が記載金額となります。また、変更した金額しか明らかでない場合には、その金額が記載金額となります。

次に、第30条第2項は、例外的取扱いを明らかにしています。すなわち、変更前の契約金額等を記載した文書が作成されていることが明らかである場合、契約金額を増額させる場合にはその増加分が記載金額となり、契約金額を減額させる場合には記載金額はないものと扱われます。
　このように、契約金額を変更する契約書の記載金額は、その記載の仕方で大きく変わりますから、注意が必要です。

## (8) 内訳金額を変更又は補充する場合

　契約当初に合意した契約金額について、後日、その内訳を変更したり、その内訳について補充する場合があります。印紙税法基本通達第31条は、この場合の取扱いを明らかにしています。

> 印紙税法基本通達第31条
> 　契約金額の内訳を変更又は補充する契約書のうち、原契約書の契約金額と総金額が同一であり、かつ、単に同一号中の内訳金額を変更又は補充するにすぎない場合の当該内訳金額は、記載金額に該当しないものとする。
> 　なお、この場合であっても、当該変更又は補充契約書は、記載金額のない契約書として課税になるのであるから留意する。
> （例）　工事請負変更契約書において、当初の請負金額A工事200万円、B工事100万円をA工事100万円、B工事200万円に変更すると記載したもの
> 記載金額のない第2号文書

## (9) 税金額が記載されている場合

　受取書等に源泉徴収又は特別徴収による税金額が記載されている場合は、受取書等の全体の記載金額からこの税金額を控除した金額が記載金額となります（印基通32）。

## (10) 第1号文書又は第2号文書の契約金額の取扱い

ある文書が、第1号文書（又は第2号文書）と第15号文書（又は第17号文書）とに該当する場合、所属の決定の問題となります。そして、第1号文書（又は第2号文書）に所属が決定した場合、別表第一課税物件表の「課税標準及び税率」の欄の契約金額は、通則4ロ（印基通24(2)(3)）によって判断します。しかし、所属の決定後の別表第一課税物件表の「非課税物件」の欄の契約金額は、印紙税法基本通達第33条によって判断します。このように、どちらの欄の契約金額を判断しようとしているのかによって、その際に参照すべき条文が異なりますから、この点、注意が必要です。印紙税法基本通達第33条の内容は以下の通りです。

> 印紙税法基本通達第33条
> 　第1号文書又は第2号文書と第15号文書又は第17号文書とに該当する文書で、通則3のイの規定により第1号文書又は第2号文書として当該文書の所属が決定されたものが次の一に該当するときは、非課税文書とする。
> (1)　課税物件表の第1号又は第2号の課税事項と所属しないこととなった号の課税事項とのそれぞれについて記載金額があり、かつ、当該記載金額のそれぞれが1万円未満（当該所属しないこととなった号が同表第17号であるときは、同号の記載金額については5万円未満）であるとき。
> （例）　9千円の請負契約と8千円の債権売買契約とを記載している文書
> （第2号文書）　非課税
> (2)　課税物件表の第1号又は第2号の課税事項と所属しないこととなった号の課税事項についての合計記載金額があり、かつ、当該合計金額が1万円未満のとき。
> （例）　請負契約と債権売買契約との合計金額が9千円と記載されている文書
> （第2号文書）　非課税

## (11) 第17号文書の受取金額の取扱い

　第17号文書の別表第一課税物件表の「課税標準及び税率」の欄の受取金額は、通則4ハ（印基通24(4)(5)）によって判断します。しかし、別表第一課税物件表の「非課税物件」の欄の受取金額は、印紙税法基本通達第34条によって判断します。このように、どちらの欄の受取金額を判断しようとしているのかによって、その際に参照すべき条文が異なりますから、この点、注意が必要です。印紙税法基本通達第34条の内容は以下の通りです。

> 印紙税法基本通達第34条
> 　課税物件表第17号の非課税物件欄1に該当するかどうかを判断する場合には、通則4のイの規定により売上代金に係る金額とその他の金額との合計額によるのであるから留意する。
> （例）　貸付金元金4万円と貸付金利息1万円の受取書
> （第17号の1文書）記載金額は5万円となり非課税文書には該当しない。

## (12) 無償等と記載された場合

　契約書等に「無償」又は「0円」と記載されている場合、この「無償」や「0円」は記載金額にはあたりません（印基通35）。課税文書には、一定金額未満の文書を非課税文書とするものがありますが、その非課税物件欄には「契約金額の記載のある契約書…のうち」とされていますので、「無償」や「0円」と記載した場合には、非課税文書にはあたらないことになります。

## (13) 消費税の取扱い

　記載金額を判断する際の消費税の扱いについては「消費税法の改正等に伴う印紙税の取扱いについて」という個別通達において明らかにされています。

第1号文書、第2号文書、第17号文書に消費税及び地方消費税の金額（以下「消費税額等」といいます。）が区分記載されている場合、又は税込価格及び税抜価格が記載されていることにより、その取引にあたって課されるべき消費税額等が明らかである場合には、消費税額等は記載金額には含まれません（「消費税法の改正等に伴う印紙税の取扱いについて」1）。

　区分記載されている場合とは、次の場合をいいます。
・請負金額1,080万円　税抜価格1,000万円　消費税額等80万円
・請負金額1,080万円　うち消費税額等80万円
・請負金額1,000万円　消費税額等80万円　計1,080万円

　また、税込価格及び税抜価格が記載されていることにより、その取引にあたって課されるべき消費税額等が明らかである場合とは、次の場合をいいます。
・請負金額1,080万円　税抜価格1,000万円

　また、一括値引きをした場合にも、上記いずれかにあたる場合に限って、消費税額等を除いた金額を記載金額として扱うことができます（国税庁HP質疑応答事例（記載金額）8・9）。

　このように消費税額等を区分記載したり、これが明らかになるように記載していることで、消費税額等の分だけ記載金額を減らすことが可能になり、節税が図れます。上記の記載例を参考に、消費税額等の記載方法には留意すべきでしょう。

## 6 非課税文書

　ある文書が別表第一課税物件表の課税物件欄に掲げる文書にあたるとしても、これが一定の要件を満たす場合には、印紙税は課されません（印法5）。このように、課税物件欄に掲げる文書にあたるものの、例外的に印紙税が課されない文書を「非課税文書」といいます。

　印紙税法第5条は、非課税文書として3種類の文書を定めています。①別表第一課税物件表の非課税物件の欄に掲げる文書、②国、地方公共団体又は別表第二非課税法人の表に掲げる者が作成した文書、③別表第三非課税文書の表の上欄に掲げる文書で、同表の下欄に掲げる者が作成した文書です。

### (1) 別表第一課税物件表の非課税物件の欄に掲げる文書

　第2章各論における各文書の非課税物件に関する解説を参照してください。

### (2) 国、地方公共団体又は別表第二非課税法人の表に掲げる者が作成した文書

#### ア　地方公共団体の意義等

　国、地方公共団体又は別表第二非課税法人の表に掲げる者（以下「国等」といいます。）が作成した文書は、非課税文書となります。

　地方公共団体とは、都道府県、市町村、特別区並びに地方公共団体の組合及び財産区をいいます（印基通55、地方自治法1の3）。

　別表第二非課税法人の表に掲げる者は、多岐にわたりますので、印紙税法別表第二非課税法人の表を参照してください。

　なお、国等から業務の委託を受けた者は国等にはあたりません（印基通53）。

## イ 「作成」に関する規定

### (ア)「作成者」の意義

「作成者」の意義については、本章「7　印紙税の納税義務者」を参照してください。「作成者」の意義を理解することで、どのような場合に、国等が「作成した」といえるのか確認をしてください。

### (イ) 共同作成文書の取扱い

国等と国等以外の者とが共同して作成した文書（例えば、両当事者間の契約書）については、国等が作成しているため、一見すると印紙税法第5条第2号により、非課税文書になるようにも思えます。

しかし、国等と国等以外の者とが共同して作成した文書については、そのうち国等以外の者（公証人は含まれません。）が保存している文書だけが国等が作成したものとみなされます（印法4⑤）。他方で、国等（公証人を含みます。）が保存している文書は、国等以外の者が作成したものとみなされます（印法4⑤）。

したがって、国等と国等以外の者とが共同して作成した文書については、そのうち国等以外の者が保存している文書だけが非課税文書となります。

### (ウ) 外国大使館等の作成した文書の取扱い

在本邦外国大使館、公使館等が作成した文書は、国が作成した文書に準じて扱われ、印紙税が課されません（印基通54）。

### (エ) 国等の職員がその職務上作成した文書の取扱い

国等及び外国大使館等の職員がその職務上作成した文書は、作成名義人がその職員であっても、国等及び外国大使館等が「作成者」となります（印基通56）。これは法人等の役員、従業員等がその業務上作成した文書と同様の扱いといえます（印基通42(1)）。

## (3) 別表第三非課税文書の表の上欄に掲げる文書で、同表の下欄に掲げる者が作成した文書

### ア　要件の意義等

「別表第三非課税文書の表の上欄に掲げる文書」で、「同表の下欄に掲げる者が作成した文書」は、非課税文書となります。独立行政法人の作成する文書や社会保険に関する文書等がこれにあたりますが、その詳細については、別表第三非課税文書の表を参照してください。

なお、「同表の下欄に掲げる者」から業務の委託を受けた者は「同表の下欄に掲げる者」にはあたりません（印基通53）。

### イ　作成に関する規定

「作成者」の意義や共同作成文書の取扱いは、国、地方公共団体又は別表第二非課税法人の表に掲げる者が作成した文書と同様ですので（印法4⑥）、そちらを参照してください。

> 【コラム】海外の印紙税
>
> 　マレーシアでは日本の制度に似た印紙税の体系がありますが、不動産取引には課されないようです。香港やシンガポールでは、不動産売買や株式売買について印紙税があるようですが、不動産売買については、日本の印紙税というよりも、不動産流通税や不動産取得税に近い感覚も包含しているように思われます。不動産の投機を抑制するために、相対的に高額な税率が設定されています。
> 　アメリカは、各州の課税と連邦の課税がありますが、いずれにおいても印紙税に相当する税目はないようです。
> 　オランダは、最初に印紙税を発明した国ですが、今は見当たりません。オーストラリアも同様に見当たりません。イギリス（イングランド、ウェールズ）においては、不動産売買について印紙税があるようです。不動産売買については、不動産流通税や不動産取得税に近い感覚ではないかと思われます（日本貿易振興機構（ジェトロ）調べ参照）。

## 7 印紙税の納税義務者

　印紙税の納税義務は、課税文書の「作成」によって発生し（印法3）、その課税文書の「作成者」は、課税文書の「作成の時」までに、原則として、その課税文書に印紙税に相当する金額の印紙をはり付ける方法により、印紙税を納付しなければなりません（印法8）。

### (1)「作成」及び「作成の時」の意義

> 印紙税法第3条
> 　別表第一の課税物件の欄に掲げる文書のうち、第5条の規定により印紙税を課さないものとされる文書以外の文書（以下「課税文書」という。）の作成者は、その作成した課税文書につき、印紙税を納める義務がある。

> 印紙税法第8条
> 　課税文書の作成者は、次条から第12条までの規定の適用を受ける場合を除き、当該課税文書に課されるべき印紙税に相当する金額の印紙（以下「相当印紙」という。）を、当該課税文書の作成の時までに、当該課税文書にはり付ける方法により、印紙税を納付しなければならない。

　「作成」や「作成の時」という要件は、納税義務の発生や納付期限に関わりますが、その意義については、印紙税法基本通達第44条が明らかにしています。

> 印紙税法基本通達第44条
> 1　法に規定する課税文書の「作成」とは、単なる課税文書の調製行為をいうのでなく、課税文書となるべき用紙等に課税事項を記載し、これを当該文書の目的に従って行使することをいう。
> 2　課税文書の「作成の時」とは、次の区分に応じ、それぞれ次に掲げるところによる。
> (1)　相手方に交付する目的で作成される課税文書　当該交付の時
> (2)　契約当事者の意思の合致を証明する目的で作成される課税文書　当該証明の時
> (3)　一定事項の付け込み証明をすることを目的として作成される課税文書　当該最初の付け込みの時
> (4)　認証を受けることにより効力が生ずることとなる課税文書　当該認証の時
> (5)　第5号文書のうち新設分割計画書　本店に備え置く時

## ア　「作成」の意義

第1項では、「作成」の意義を明らかにしています。「作成」とは、単なる調製行為、すなわち、単に文書を作ることではなく、これをその文書の目的に従って行使することをいうとしています。そのため、「文書の目的に従って行使すること」の具体的な意義が続いて問題となりますが、これは第2項から解釈することができます。

すなわち、「相手方に交付する目的で作成される課税文書」については、その文書を相手方に「交付」することが「文書の目的に従って行使すること」と解されます。そのため、「相手方に交付する目的で作成される課税文書」は、相手方に交付することで「作成」したといえます。例えば、金銭又は有価証券の受取書は、「相手方に交付する目的で作成される課税文書」にあたります。そのため、受取書という文書そのものは作っ

たものの、まだ相手方に対して交付していない場合には、「作成」したとはいえず、納税義務は発生しません。

また、「契約当事者の意思の合致を証明する目的で作成される課税文書」については、契約当事者の意思の合致を「証明」することが「文書の目的に従って行使すること」と解されます。したがって、「契約当事者の意思の合致を証明する目的で作成される課税文書」は、契約当事者の意思の合致を証明すること、すなわち、契約当事者双方が署名又は押印することで「作成」したといえます。

例えば、不動産売買契約書は、「契約当事者の意思の合致を証明する目的で作成される課税文書」にあたります。そのため、不動産売買契約書という文書そのものを作ったにすぎず、契約当事者の署名・押印がない場合には、「作成」したとはいえず、納税義務は発生しません。また、契約当事者の一方だけが署名・押印したにとどまる場合は「作成」したとはいえず、納税義務は発生しません。ただし、その場合であっても、既に契約が成立しており、かつ、一方当事者が署名・押印した文書を他方当事者が署名・押印せずに所持しているにすぎない場合には、厳密には契約当事者双方の署名又は押印はありませんが、契約当事者の意思の合致は証明されているといえますから、「作成」したといえ、納税義務が発生します。

文書の種類ごとに「作成」の意義を明らかにすると、おおむね次の通りとなります。契約書については、「相手方に交付する目的で作成される課税文書」と「契約当事者の意思の合致を証明する目的で作成される課税文書」のどちらにあたるかによって、「作成」の意義が異なるため、注意が必要です。

### イ 「作成の時」の意義

第2項は、「作成の時」の意義を明らかにしています。

例えば、「相手方に交付する目的で作成される課税文書」は、交付の

| 「作成」の意義 | 文書の種類 | 具体例 |
|---|---|---|
| 交付をすること | 相手方に交付する目的で作成される課税文書 | 手形、株券等、預貯金証書、貨物引換証等、保険証券、信用状、配当金領収書、受取書及び契約書のうち念書、請書のように契約当事者の一方が作成するもの |
| 証明をすること | 契約当事者の意思の合致を証明する目的で作成される課税文書 | 契約書のうち契約当事者の双方が共同して作成するもの |
| 最初の付け込みを行うこと | 一定事項の付け込みを証明することを目的として作成される課税文書 | 通帳、判取帳 |
| 認証を受けること | 認証を受けることにより効力が生ずることとなる課税文書 | 定款 |
| 本店に備え置くこと | 第5号文書のうち新設分割計画書 | 新設分割計画書 |

時が「作成の時」にあたります。そして、印紙税法第8条によれば、印紙は、「作成の時までに」貼る必要があります。そのため、このような文書は、相手方に交付する前に印紙を貼る必要があります。つまり、印紙を貼った上で、相手方に交付する必要があります。

また、「契約当事者の意思の合致を証明する目的で作成される課税文書」は、証明の時が「作成の時」にあたりますので、このような文書には、印紙を貼った上で、契約当事者双方の署名又は押印がされる必要があります。もっとも、実際には、契約当事者双方の署名又は押印がされた後に印紙を貼ることも多いと思われます。

### 【コラム】複写は「作成」にあたらない

契約書の正本の写しが課税文書にならないのは、写しには「署名又は押印」（印基通19②一）がないためであると解説しましたが（本章3(4)イ）、これは複写という行為が「作成」（印基通44）にあたらないことからも説明することができます。

印紙税の納税義務が発生するのは、課税文書を「作成」した場合ですが、例えば、一般の契約書では、文書に契約当事者双方の署名又は押印がされることが「作成」にあたります。したがって、契約書の正本を複写するだけでは、「作成」にあたらず、写しに印紙を貼る必要はありません。また、相手方に交付する目的で作成される文書についても、文書の現物を相手方に交付することが「作成」にあたりますので、これを電子メールやFAXで送付する行為は「作成」にあたらず、その際に印紙を貼る必要はありません。また、これを受け取った相手方において印刷された文書は、写しにすぎませんので、やはり「作成」にはあたらず、これに印紙を貼る必要もありません。

### 【コラム】複写を利用した印紙税の節税策

例えば、契約書締結の際には、契約当事者の数だけ正本を作成するのが通例ですが、契約当事者の数だけ正本を作るのではなく、その一部を正本の複写で済ませることで印紙税の節税になります。複写という行為は、「作成」にはあたらないためです。

また、一方の契約当事者が署名・押印の上、これを電子メールに添付して相手方に送付し、相手方がこれを印刷の上、署名・押印して同様の方法で返送した場合も印紙税は課されません。契約当事者双方が署名又は押印をした文書の現物が存在しないため、課税文書を「作成」したとはいえず、また、契約当事者の各々が所持する文書には自らの署名・押印しかないためです（印基通19②一かっこ書き）。契約当事者の一方が相手方に交付する目的で作成する文書、例えば、注文請書についてもこれを電子メールやFAXで送付すれば、印紙税は課されません。

このような方法によって印紙税の節税を図ることができますが、前述の通り、文書の証拠としての価値については検討を要します（本章3(1)

【コラム】印紙税の節税と文書の証拠としての価値の両立）。後日、契約当事者間で紛争になった際、原本と写しでは、証拠としての価値が高いのは、原本です（ただし、近年の複写技術の向上により、写しの証拠としての価値が原本に大きく劣るとまではいえないように思います。）。そのため、後日の紛争に備えるという意味では、印紙税を負担しても、原本を作成することが無難といえます。

　他方で、後日、契約の内容等を巡って紛争が生じる可能性がほとんど想定されないグループ会社間の取引においては、上記のような方法で印紙税の節税を図ることを検討してもよいでしょう。会社の取引のほとんどがグループ会社間との取引であるという会社も珍しくないと思われますが、そのような会社ほど印紙税の負担を大きく減らせる可能性があるといえます。また、グループ会社以外の会社との取引についても、後日、契約内容について紛争が生じるか検討し、契約書の原本を作成するべき相手方と写しで済ませる相手方に振り分けることで、印紙税の負担を大きく減らせる可能性があります。

　「原本を作成することまで必要か？」といった視点で、現在、作成している文書について一度、検討されるとよいでしょう。

## (2)「作成者」の意義

　印紙税の納税義務者は、文書の「作成者」です。「作成者」の意義は、印紙税法基本通達第42条が明らかにしています。

印紙税法基本通達第42条
　法に規定する「作成者」とは、次に掲げる区分に応じ、それぞれ次に掲げる者をいう。
(1)　法人、人格のない社団若しくは財団（以下この号において「法人等」という。）の役員（人格のない社団又は財団にあっては、代表者又は管理人をいう。）又は法人等若しくは人の従業者がその法人等又は人の業務又は財産に関し、役員又は従業者の名義で作成する課税文書　当該法人等又は人
(2)　(1)以外の課税文書　当該課税文書に記載された作成名義人

印紙税は文書に記載された事項に基づいて判断されます。そのため、その文書に記載された作成名義人が原則として、「作成者」となります。（印基通42(2)）。

しかし、法人等の役員が法人等の業務、財産に関して役員名義で文書を作成する場合や、法人等や人の従業員が法人や人の業務、財産に関して従業員名義で文書を作成する場合には、作成名義人である役員や従業員ではなく、その法人等や人が「作成者」となります（印基通42(1)）。これは、このような場合には役員や従業員の行為はその法人等や人が行ったものと扱われるためです。

> **【コラム】差し入れ方式を利用した節税策**
>
> 　例えば、請負契約を締結する際、請負契約書に契約当事者双方が署名・押印した場合、契約当事者双方が「作成者」となり、双方ともに印紙税の納税義務を連帯して負います。
>
> 　しかし、同じ請負契約であっても、一方当事者が申込書を交付し、他方当事者が請書を交付した場合、請書は契約書になりますが、請書を交付した他方当事者だけが「作成者」となり、印紙税の納税義務を負います。一方当事者は何ら印紙税の納税義務を負いません。また、後日、当事者間で契約の成立等が争われた場合、一方当事者は他方当事者から交付された請書をもって反論することが可能であるため、一方当事者にとっては請負契約書という書面を無理に交わす必要がありません。
>
> 　このように、契約を締結する際、相手方当事者から契約内容に同意する旨の書面を交付させることで（いわゆる「差し入れ方式」）、契約の成立等を立証する証拠を確保しつつ、自らは印紙税の納税義務を免れることができます。ただし、差し入れ方式によると、文書を交付した相手方の手元には契約の成立等を立証する証拠がないことになりますので、相手方が差し入れ方式を許容するかどうかは、相手方との取引上の力関係によるものといえます。なお、相手方から差し入れられた文書を複写した上、これに自らの署名又は押印をして相手方に交付すれば、当然ながら自らが「作成者」として、印紙税の納税義務を負うことになりますので、注意が必要です。

## (3) 代理人が文書を作成する場合の取扱い

印紙税法基本通達第43条は、代理人が文書を作成する場合の取扱いについて明らかにしています。

> 印紙税法基本通達第43条
> 1 委任に基づく代理人が、当該委任事務の処理に当たり、代理人名義で作成する課税文書については、当該文書に委任者の名義が表示されているものであっても、当該代理人を作成者とする。
> 2 代理人が作成する課税文書であっても、委任者名のみを表示する文書については、当該委任者を作成者とする。

代理人が作成する文書は、原則として、代理人が「作成者」になりますが、その文書に委任者名しか記載がない場合には、例外的に委任者が「作成者」となります。

このように、代理人が原則として印紙税の納税義務者になりますが、通常、代理人と委任者間では、印紙税等の実費は委任者が負担する旨の合意をしているため、実際には委任者が印紙代を支払うことになると思われます。ただし、法律上の納税義務者はあくまで代理人であることには留意してください。

## (4) 共同作成者の取扱い

### ア 一の文書に同一の号の課税事項が2以上記載されている場合の作成者

一の文書に課税物件表の同一の号の課税事項が2以上記載されている場合の作成者の取扱いについては、印紙税法基本通達第45条が明らかにしています。

> 印紙税法基本通達第45条
> 　一の文書に、課税物件表の同一の号の課税事項が2以上記載されている場合においては、当該2以上の課税事項の当事者がそれぞれ異なるものであっても、当該文書は、これらの当事者の全員が共同して作成したものとする。
> （例）
> 一の文書に甲と乙、甲と丙及び甲と丁との間のそれぞれ200万円、300万円及び500万円の不動産売買契約の成立を証明する事項を区分して記載しているものは、記載金額1,000万円の第1号文書（不動産の譲渡に関する契約書）に該当し、甲、乙、丙及び丁は共同作成者となる。

### イ　一の文書が2以上の号に掲げる文書に該当する場合の作成者

　一の文書が2以上の号に掲げる文書に該当し、通則3の規定により所属が決定された場合の作成者の取扱いについては、印紙税法基本通達第46条が明らかにしています。

> 印紙税法基本通達第46条
> 　一の文書が、課税物件表の2以上の号に掲げる文書に該当し、通則3の規定により所属が決定された場合における当該文書の作成者は、当該所属することとなった号の課税事項の当事者とする。
> （例）
> 一の文書で、甲と乙との間の不動産売買契約と甲と丙との間の債権売買契約の成立を証明する事項が記載されているものは、第1号文書（不動産の譲渡に関する契約書）に所属し、この場合には、甲と乙が共同作成者となり、丙は作成者とはならない。

ウ　連帯納税義務

　一の課税文書を２以上の者が共同して作成した場合、印紙税の納税義務は共同作成者全員が連帯して負います（印法3②、印基通47）。したがって、契約書のうち契約当事者の双方が共同して作成する場合の共同作成者、一の文書に同一の号の課税事項が２以上記載されている場合の共同作成者（印基通45）、一の文書が２以上の号に掲げる文書に該当する場合の共同作成者（印基通46）については、その全員が連帯して納税義務を負います。ただし、国等と国等以外の者とが共同して作成した文書については、そのうち国等以外の者（公証人は含まれません。）が保存している文書は、国等が作成したものとみなされ、非課税文書となります（印法4⑤）。

　共同作成者は連帯して納税義務を負いますから、個々の共同作成者は印紙税の一部ではなく、その全額について責任を負うことになります。そして、共同作成者の一部又は全員で印紙税の全額を納付することで、全員の納税義務が消滅します。

　仮に、共同作成者間で印紙税の負担割合について特約を結んでいたとしても、個々の共同作成者の納税義務に影響を与えることはなく、全員が全額について責任を負うことに変わりはありません。ただし、共同作成者のうち一部の者だけが印紙税を負担した場合には、当該一部の者は、他の共同作成者に対し、特約に基づいて求償をすることができます。

## (5) みなし作成

　印紙税の納税義務は、課税文書の「作成」によって発生します（印法3）。「作成」の意義については、(1)の通りですが、法は既に作成された文書について、更に一定の行為をした場合には、その時点で、新たに課税文書を作成したとみなし、別途、印紙税の納税義務が発生すると定めています（印法4）。

印紙税は、課税文書「一通」又は「一冊」（これらを総称して「一の文書」といいます。）ごとに課されます（別表第一課税物件表課税標準及び税率欄、印基通8）。そして、「一の文書」かどうかは、物理的な形状によって判断されるところ、以下の行為をしたとしても、物理的な形状からすれば、依然として「一の文書」のままですから、本来、別途、印紙税の納税義務は発生しないはずです。しかし、法は、既に作成された文書について、以下の行為をした場合には、物理的な形状を問わず、新たに「一の文書」を作成したとみなしています。

### ア　手形金額の補充

　約束手形又は為替手形（第3号文書）で手形金額の記載のないものは非課税文書となりますが、その後、手形金額の補充がされた場合には、その補充をした者が、その補充をした時に、約束手形又は為替手形を作成したものとみなされます（印法4①）。

### イ　通帳等の継続使用

　第18号文書から第20号文書までの課税文書を1年以上にわたり継続して使用する場合には、その文書を作成した日から1年を経過した日以後最初の付け込み（印紙税法第4条第4項の定める一定の事項の付け込みを除きます。）をした時に、その課税文書を新たに作成したものとみなされます（印法4②④）。

　そして、「課税文書を1年以上にわたり継続して使用する場合」とは、その課税文書の作成日の翌年の応当日以後にわたって継続して使用する場合をいい、「文書を作成した日から1年を経過した日」とは、その課税文書に最初の付け込みをした日の翌年の応当日をいいます（印基通36）。

　例えば、預金通帳（第18号文書）に最初に記帳（付け込み）した日が平成29年6月4日だった場合には、平成30年6月4日以降に記帳（付

け込み）した日をもって、新たに預金通帳を作成したものとみなされ、200円の印紙税が課されます。

ウ　追記又は付け込み

　一の文書（第3号～第6号、第9号及び第18号～第20号文書を除く。）に、第1号～第17号までの課税文書（第3号～第6号及び第9号文書を除く。）の課税事項の追記をした場合、又は第18号、第19号文書として使用するための付け込み（印紙税法第4条第4項の定める一定の事項の付け込みを除きます。）をした場合には、その追記又は付け込みをしたときに、その課税事項の記載された課税文書を新たに作成したものとみなされます（印法4③）。

　「一の文書」には課税文書以外の文書、すなわち非課税文書や不課税文書も含まれます（印基通38①）。「一の文書」には、第8、第12、第14号及び第16号文書が含まれるため、これらの文書に金銭又は有価証券の受領事実を追記した場合には、第17号文書を新たに作成したものとみなされますが、非課税文書となる点は注意が必要です（別表第一課税物件表17号文書の非課税物件欄3）。

　「追記」とは、既に作成されている一の文書にその後更に一定事項を追加して記載することをいいます（印基通37）。なお、第1、第2、第7及び第12～第15号文書の課税事項を追記した場合には、それが原契約の内容の変更又は補充についてのものであり、かつ、それが重要な事項にあたる場合に限って、新たに課税文書を作成したものとみなされます（印基通38②）。

エ　一定額を超える付け込み

　第19号文書又は第20号文書に次の事項を付け込む場合には、第19号文書又は第20号文書への付け込みとしては扱われず、付け込んだ事

項の文書を別に作成したとみなされています（印法4④）。したがって、第19号文書又は第20号文書に最初に次の事項を付け込んだときは、その時点では第19号文書又は第20号文書が作成されたとはいえず、第2回目以降の付け込みで次の事項にあたらない事項を付け込んだときに作成されたことになります（印基通40）。

> ①第1号文書の課税事項でその記載金額が10万円（租税特別措置法第91条第2項の軽減措置が適用される不動産譲渡契約書の場合は50万円）を超えるもの
> ②第2号文書の課税事項でその記載金額が100万円（租税特別措置法第91条第3項の軽減措置が適用される建設工事請負契約書の場合は200万円）を超えるもの
> ③第17号文書（物件名の欄1に掲げる受取書に限る。）の課税事項でその記載金額が100万円を超えるもの

①～③を判断する上で、いくつか注意点があります。

「第17号文書（物件名の欄1に掲げる受取書に限る。）」とは、売上代金に係る金銭又は有価証券の受取書で、かつ、営業に関する受取書をいいます（印基通41）。

記載金額が上記の金額を超えるかどうかの判断において、消費税及び地方消費税の金額（以下「消費税額等」という。）が区分記載されている場合又は税込価格及び税抜価格が記載されていることにより、その取引に当たって課されるべき消費税額等が明らかである場合には、消費税額等を含めない金額でこれを判断します。また、消費税額等だけが付け込まれた場合には、①～③の事項にはあたらないものと扱われます（「消費税法の改正等に伴う印紙税の取扱いについて」2）。どのような場合が「区分記載されている場合」、「その取引に当たって課されるべき消費税額等が明らかである場合」にあたるのかは、記載金額に関する解説を参

照してください（本章5(13)）。

## (6) その他の作成に関する取扱い
### ア　仮文書を作成した場合
　一時的に仮文書を作成し、後日、改めて正式文書を作成する場合があります。一時的な仮文書とはいえ、これが課税事項を証明する目的で作成される場合には、仮文書もまた正式文書とともに課税文書にあたります（印基通58）。

　仮文書と正式文書を作成する場合には、その記載方法を工夫することで、正式文書の印紙税の節税を図ることができます。

　例えば、不動産売買契約書（第1号文書）の仮文書と正式文書のそれぞれに100万円の契約金額を記載した場合、どちらの文書にも1,000円の印紙を貼る必要がありますから、印紙代は合計で2,000円となります。しかし、仮文書には100万円の契約金額を記載しつつ、正式文書には、「〇年〇月〇日付の仮文書の内容を正式な契約内容とする」旨を記載すれば、正式文書は記載金額のない契約書となりますから（国税庁HP質疑応答事例2号文書の13）、200円の印紙で足りることになります。仮文書に契約金額が記載されていたとしても、仮文書は課税文書であるため、これを引用することができないからです（通則4ホ(2)かっこ書き、印基通24(7)かっこ書き、印基通25②なお書き）。したがって、この場合、印紙代は合計で1,200円となり、どちらの文書にも契約金額を記載した場合と比べて、正式文書の印紙税の節税を図ることができます。

### イ　同一法人内で作成した場合
　第1号文書から第20号文書までにあたる文書を作成した場合、原則として、課税文書となります。しかし、これが同一法人等の内部の取扱者間又は本店、支店及び出張所間等で、この法人等の事務の整理上作成

された場合には、例外的に課税文書にはあたりません（印基通59）。ただし、この扱いは、第3号文書（約束手形又は為替手形）と第9号文書（貨物引換証、倉庫証券又は船荷証券）においては認められていません。

> **【コラム】印紙税の漏れ（ローカルルール）**
>
> 　元・銀行員の弁護士の目から見た印紙税について、少し述べます。
> 　金融機関のように事務がしっかりしているところは、印紙税の取扱いもしっかりしていると予想されます。印紙が必要なものについては、内部的な一覧表などを用意して印紙額を間違えないようにしたり、印紙が不要なものは、課税文書にならないように、記載文言を厳格に規定（使用帳票に不動文字で印刷する等）したりしています。しかし、印紙税は、事務手続きの結果として出てくる必然的な税負担（負担しない場合も含む）であるため、特に印紙税について格別な教育研修はしていないのが一般的ではないでしょうか。全店で統一的に使用される帳票は印紙税の負担がされないような工夫を施して作成していても、例えば、金融機関の支店の現場では、まちまちな使い方をしているケースもあるかもしれません。いわゆる支店単位のローカルルールが存在するケースもあるでしょう。例えば、「お預かり帳」などは、営業担当者が顧客から現金その他の有価物、重要物を預かったときに発行されるものですが、そこに入金指示やそれを堅確に行うための口座番号などを欄外に記載すると、途端に課税文書となってしまうことがあります。
> 　このように、印紙税が課されることを意識せず、支店限りで課税文書を作り上げてしまうことがあります。印紙税は形式的に文書に対して課税するものですから、作成者の意図や趣旨や背景は考慮されません。この点は注意点です。

## 8　納税地

### (1) 納税地の特定

　印紙税の納税地については、印紙税法第6条及び、印紙税法施行令第

4条にその定めがあり、課税文書の納付方法ごとに納税地の特定の仕方が決められています。

| 順号 | 区分 | | | 納税地 |
|---|---|---|---|---|
| 1 | 書式表示の承認に係る課税文書（印法11①）一括納付の承認に係る預貯金通帳等（印法12①） | | | 当該承認をした税務署長の所属する税務署の管轄区域内の場所（印法6一） |
| 2 | 税印押なつ請求に係る課税文書（印法9①） | | | 当該請求を受けた税務署長の所属する税務署の管轄区域内の場所（印法6二） |
| 3 | 印紙税納付計器により印紙税相当額を表示した納付印を押す課税文書（印法10①） | | | 当該納付計器の設置場所（印法6三） |
| 4 | 1〜3以外の課税文書 | 課税文書に作成場所が明らかにされているもの | | 当該作成場所（印法6四） |
| | | 課税文書に作成場所が明らかにされていないもの | | （印法6五） |
| | | (1) 単独作成の場合 | | |
| | | | イ　作成者の事業に係る事務所、事業所その他これに準ずるものの所在地が記載されている課税文書 | 当該所在地（印令4①一） |
| | | | ロ　その他の課税文書 | 当該課税文書の作成の時における作成者の住所（住所がない場合は居所。以下同じ。）（印令4①二） |
| | | (2) 共同作成の場合 | | |
| | | | イ　作成者の所持している課税文書 | 当該所持している場所（印令4②一） |
| | | | ロ　作成者以外の者が所持している課税文書 | 当該課税文書に最も先に記載されている者のみが作成したものとした場合の(1)のイ又はロに掲げる場所（印令4②二） |

（国税庁HP質疑応答事例（納税地・作成場所・納税方法等）1）

そして、上記4の課税文書（1〜3以外の課税文書）については、実務上、その文書に作成場所が記載されていることは極めて稀です。そこで実務

上は、「課税文書に作成場所が明らかにされていないもの」が問題となります。その具体的な取扱いは以下の通りです。(印基通50～52)。

| 区分 | 記載内容 | | 納税地 |
| --- | --- | --- | --- |
| 相手方に交付する目的で作成される課税文書の納税地（例）領収書 | 領収書に作成者の所在地が記載されていない場合 | | 作成者の本店所在地 |
| | 領収書に作成者の所在地が記載されている場合 | 本店の所在地のみが記載されている場合 | 作成者の本店所在地 |
| | | 支店の所在地のみが記載されている場合 | 作成者の支店所在地 |
| | | 「東京都千代田区○○支店」と記載されている場合 | 作成者の本店所在地（注）1 |
| | | 本店と支店の両方の所在地が記載されており、支店において領収書が作成されていることが推定できる場合 | 作成者の支店所在地 |
| 契約当事者である甲と乙双方の署名捺印のある契約書（例）不動産売買契約書 | 甲が所持している場合 | | 甲の所持場所 |
| | 乙が所持している場合 | | 乙の所持場所 |
| | 仲介人が所持している場合※仲介人は、作成者ではありません。 | | 甲、乙いずれか先に記載されている者の所在地（注）2 |

(注)
1．「東京都千代田区」では、同区内に、麹町税務署と神田税務署の2つの税務署があることから、いずれの税務署の管轄区域内であるかが判明し得る程度の所在地の記載があるとはいえません。
2．甲、乙いずれか先に記載されている者の所在地が記載されていない場合は、甲、乙いずれか先に記載されている者の住所が納税地となります。また、甲、乙いずれか先に記載されている者が非課税法人等の場合は、次順位の者の住所が納税地になります。
(国税庁HP質疑応答事例（納税地・作成場所・納税方法等）1)

## (2) 作成場所が海外の場合

　印紙税法は日本の国内法なので、課税文書の作成場所が海外の場合には、日本の印紙税法の適用はありません。したがって、文書の保管場所が日本でも、権利行使の場所が日本でも、作成場所が海外であれば、日本の印紙税の課税はありません。そのため日本と海外を往復して契約書に調印をするようなケースでは、文書の作成がいつになるのかが問題となります。

　印紙税法の課税文書の作成とは、単なる課税文書の調製行為をいうのでなく、課税文書となるべき用紙等に課税事項を記載し、これを当該文書の目的に従って行使することをいいます（印基通44①）。

　そして、相手方に交付する目的で作成される課税文書は、交付の時が「作成の時」にあたります（印基通44②一）。よって、受取書、請書のように契約当事者の一方が作成する交付文書は、相手方への交付が海外でなされれば日本の印紙税法の適用はありません。

　契約当事者の意思の合致を証明する目的で作成される課税文書は、証明の時が「作成の時」にあたります（印基通44②二）ので、契約当事者の双方が共同して作成する契約書は、契約当事者双方の署名・押印が海外でなされれば日本の印紙税法の適用はありません。契約当事者双方の署名・押印が揃った時点が課税文書作成の時になりますので、当事者の一方が契約書に署名・押印をした段階では課税文書が作成されたことにはならず、相手方当事者が署名・押印をしたときに課税文書が作成されたことになります。したがって、最後に署名・押印をする当事者がそれを海外で行えば、たとえ日本法人が日本国内で保管している契約書でも日本の印紙税法の適用はありません。反対に、一方当事者が海外で署名・押印をしたのちに、日本国内で他方当事者が署名・押印をすれば、海外法人が海外で保管している契約書に関しても日本の印紙税法の適用があります。

なお、海外で作成された課税文書でも、海外で作成されたことが当該文書上明らかでない場合には税務調査の際等に印紙不貼付につき指摘を受ける可能性があります。したがって、課税文書を海外で作成した場合には、当該文書上に文書の作成場所を明記、又は作成場所の明記がなければ海外で作成した事実を文書上付記しておく必要があります。

## 9　税務調査

### (1) 印紙税の税務調査について

　『〜法的思考が身に付く〜実務に役立つ印紙税の考え方と実践』（鳥飼重和著　新日本法規出版㈱発行）では、印紙税の税務調査について、以下のことを書きました。

① 印紙税の調査には、同時調査と単独調査とがあること
② 同時調査は、法人税等の調査＋印紙税調査であること
③ 単独調査は、印紙税だけの調査であること
④ 同時調査と単独調査の各々の調査手法の紹介
⑤ 印紙税調査には、本来は、税理士には立ち会い権がないこと
⑥ 印紙税調査に関して、専門家は不在であること
⑦ 印紙税調査では、弁護士が不在の現状ですが、印紙税法の基礎にある民商法の理解が必要で、本来は、弁護士が活躍すべき領域であること

　以上に関しての詳細は、『〜法的思考が身に付く〜実務に役立つ印紙税の考え方と実践』をご参照ください。

### (2) 印紙税及び印紙税調査を知ることの重要性

　ここでは、印紙税及び印紙税調査を知ることの重要性を説明します。

印紙税及び印紙税調査をもっと深堀して理解すると、税務実務に対する考え方を大きく変える必要性を実感します。その中心は、次の３点です。

① 同時調査に、調査官が、意図的に印紙税の調査手法を活用すると、従来は、「調査の必要性」を楯に、金庫や鍵のかかった机の中の調査を拒否できたのが、調査の過程で課税文書か否かの判定を要する文書が金庫に保管又は担当者等の机の中にあると想定されたときは拒否できなくなること。それだけ、税務調査は厳しくなるということ。

② 印紙税調査における有能な調査官は、顧客と対面する現場を中心に調査を行う。現場は、本社の法務チェックを受けない傾向にあるため、顧客とのやり取りで使う書面が印紙税の課税を受ける文書と知らずに課税文書を作成していること。つまり、印紙税調査の中核は、本社ではなく、現場にあること。このことを税務調査官が知れば、印紙税調査は、厳しくなることが予想できること。

③ 厳しくなる印紙税及び他の税法調査に対し、それを迎える会社側の防御は、社内・社外に専門家不在で手薄な状態にあり、これを改善することが重要な課題になってくること。

## (3) 印紙税の調査手法を同時調査に活用すると税務調査は厳しくなる〜印紙税の調査には限界がない

例えば、法人税調査では、調査対象が法人税に関するものに限られます。それに対し、印紙税調査の場合には、文書が課税の客体なので、対象が文書である限り、調査は限定されません。

しかも、ペーパーレス化は進行していますが、まだ日本企業は、紙文化の中で業務を構築しているところが大多数です。そのため、企業の活動は、紙、つまり文書の流れで成り立っている実情にあります。そうなると、どの企業でも、多数の文書が活動の中心にありますから、その文

書に印紙税が課されるか否かを明らかにする印紙税調査の対象が広いことになります。

その上、印紙税の調査であれば、文書が対象ですので、調査の過程で課税文書か否かを判定する重要な文書が金庫や担当者等の机の中にあると想定される場合には、鍵のかかる引き出し等を確認することもできます。つまり、印紙税の税務調査では、「調査の必要性」を主張して、調査を拒むことはできないことになるのです。その意味で、印紙税調査は、最強の税務調査なのです。

ところで、法人税調査でも、印紙税調査を一緒にする同時調査が可能です。法人税の課税対象の証拠として文書が重要ですが、日本企業は文書の流れで企業活動しているので、それは同時に印紙税の対象の文書に関する調査にもつながるものです。そこで、同時調査を行い、印紙税調査の実施の過程で、最重要な文書も手に入り、法人税調査の成果にも寄与する可能性が高くなります。

ところが、法人税調査の実務の現状では、法人税の課税に焦点を当てているため、印紙税調査を活用することが少ないようです。縦割り組織における専門家発想の為か、法人税調査は、法人税調査の手法で一貫し、印紙税の調査手法を活用することをしないのでしょう。このことで助かっているのは、企業であり、税理士です。

しかし、税収不足の現状では、課税強化をする必要がありますので、法人税調査でも、税収の確保を強化するため、同時調査として、印紙税調査の調査権限を活用するようになると予想できます。

そうだとすれば、従来の法人税調査では、成立した契約書しか見ない

傾向があるようですが、現場・実態の証拠としての文書の流れを見る印紙税の調査を活用すると、文書の流れを見て取引実態をつかめるようになります。その結果として、今まで見えなかった法人税の課税根拠を発見することも可能となります。

　たとえば、顧客と現場との交渉過程を明らかにする提案書、修正案、議事録、担当者個人の保有する覚え書き、手紙、感謝状、スキーム図、稟議書、予約書、契約書等の証拠で、租税回避意図の下で行われた偽装的な取引実態をつかむことができるようになります。

　後に問題になりそうなことに関しては、何らかの文書を保管していることがほとんどです。後日、紛争になりそうなものや租税回避として問題になることに関する備忘録的な資料等は、文書として保管されているものだからです。不思議なもので、隠したいことほど、文書で残すものなのです。

　印紙税の調査手法は、現場における取引実態をつかむための手法であり、そのために、証拠がどこにあるのか、どうやって証拠を押さえるのか等の実践的な調査手法を確立する道筋につながります。

　その意味で、印紙税の調査手法をマスターした法人税の調査官は、多大な成果をあげる、有能な調査官になると思われます。つまり、今後の税務調査は、今まで以上に厳しいものになるでしょう。

## (4) 印紙税調査が現場中心になると、印紙税調査の対応が厳しくなる～「現場でしか、課税は起きない」

　ある有能な調査官の印紙税調査の実話を紹介します。

製造業を営む大手企業に対する印紙税の単独調査に際し、この調査官は、調査官の配置を、本社に２名、工場等の現場に６名というようにしました。

この有能な調査官は、法律の実務を知っているのです。法律実務の中核は現場にあり、実務の実態にあることを知っているからです。

つまり、極言すれば「現場でしか、課税は起きない」ということです。

法律は条文でできており、法律を動かす中核はその法文の解釈以前に実態であり、その実態を示す証拠であり、それが存在するのが現場なのです。

この実務の中核を体得し、実務に生かすのが本物の法律の専門家です。

租税回避で失敗する例が多いのは、「現場でしか、課税は起きない」という法律活用の中核が分かっていないからです。税法や会社法の法律の条文及びその解釈だけで、法律が動くと思い込んだ勘違いからの失敗なのです。

では、上記の実話で、工場等の現場に配置された調査官は、何を調査するのでしょうか。

現場である工場等には、顧客と対応している従業員等がいますし、顧客と対応する際に使った文書が保管されています。

印紙税が課税される文書は、完成した契約書だけに限定されません。正式な契約書でなくても、契約の成立や金銭等の受領等を証明するものであれば、印紙税が課税される文書になります。つまり、現場において、顧客との正式な契約成立までの交渉過程で取り交わされた文書でも、印紙税の課税の要件を備えていれば、印紙税が課されるのです。

例えば、現場では、顧客との合意に至ったことについて社内で稟議をとおすために、顧客から書面で押印入りの一筆を貰うことが多いのです。

この文書は、正式な契約書ではありませんが、その文書を見る限り、契約の成立を証明する文書になっていることが多いのです。

　法務チェックが、課税の原因をつくる現場まで届いていないのが現状です。反面、現実問題として、本社には、現場まで法務チェックをする余裕はないでしょう。その意味では、印紙税実務の教育は、本社だけでなく現場にも、むしろ現場でこそ必要なのです。
　最近の様々な検査偽装等の不祥事も、「現場で起きるのが法律問題」であること教えてくれています。現場における「些細なこと」が社長辞任の引き金を引き、企業を危機に陥れるのです。つまり、現場を巻き込む社風を刷新しない限り、現場で重大な不祥事の引き金になることが起こり、あるいは、課税問題を引き起こすことになるのです。

## (5) 厳しくなる税務調査に対し、抜本的な改善が必要になる

　法人税調査と印紙税調査の同時調査の際、企業側に厳しい印紙税調査を実施すれば、企業側の税務調査対応は苦しくなることは必定です。現状の法人税調査の手法が今後も続くと考えるのは、危機管理を忘れているというほかありません。危機管理を忘れると、課税庁が課税の成果を高めるため、法人税調査において印紙税の厳しい調査手法を採用することが多くなった場合には、企業は想定外の課税に見舞われかねません。

　危機管理は、最も厳しい危機が起こることを受け入れ、それを回避するための適切な対応策を考え出して、最も厳しい危機への準備をすることです。この考え方で、将来ありえる厳しい税務調査に対応できるようになるのです。このような危機管理の考え方で、将来の厳しい税務調査への対応を考えることが最も実際的な対応策になります。
　最も厳しい印紙税調査では、本社の法務チェックの入らない、企業活

動の過程である現場で用いられる文書について、厳しいチェックを行う手法を採用します。契約の前段階の伝票類による合意書や、権限者が決裁する前の文書である稟議に上げる前の様々な文書等も対象になります。とくに、重要性の高いことほど、相手方との交渉上でのやり取りを文書で残すことが多くなります。これらの文書の中には、印紙税の対象となる文書もありますが、印紙税の対象にならない文書でも、後日の相手方との紛争の際に有力な意味を持つものもあり、そのために、法人税調査の対象の文書として証拠価値の高いものになることもあります。

以上のように、法人税調査と印紙税調査の同時調査の場合には、調査対象となる文書の範囲が広いため、印紙税調査が対象とする現場での企業活動の過程における文書も、法人税調査の対象になる可能性があると考える必要があります。そのため、万全を期するならば、現場における文書作成に関するガイドラインを作る必要もあるでしょう。

同時に、印紙税調査では、調査の対象となる守秘性の高い文書が、金庫や執務室の机の引き出し等の中に存在する場合には、その文書の確認ができることを忘れてはいけません。そうだとすると、守秘性の高い文書の記載内容は、調査官に課税動機を与えることのないように誤解を避けた記載にすることが必要になります。本来なら、人に見られるはずのない文書でも、見られる可能性のあることを想定した配慮が必要になるということになります。

企業活動に関して、現場で作成される文書は、長年の顧客等との慣行になっていることも多いので、現場での文書作成に関するガイドラインを作成するについて、現場の抵抗を受ける可能性もあります。この抵抗に屈すれば、税務調査で厳しい対応を強いられるかもしれません。

そうならないためには、ガイドラインを作成するだけでなく、現場に十分に現場での文書作成の実際を聞き取りして、納得してもらえる適切なガイドラインを設定し、その実効性を高める教育をすることが望ましいのです。現場に問題があるのですから、現場の意識を変えてもらわないと、厳しい税務調査を想定した場合に、適切な対応ができないことになるからです。

　企業の担当者には、以上のような現場実態の把握、適切なガイドラインの設計、その実効性を持たせる研修等をする余裕はないでしょう。そのようなことは、外部の者にゆだねる方が実際的であることも多いでしょう。

　また、実際の実態調査をしないと分かりませんが、現場には、無駄な文書が多く存在する可能性もあり、これは、現場業務の効率性の問題にも影響を与える可能性があります。

### 【コラム】印紙税の漏れ（不慣れ）とリスク管理

　元・銀行員の弁護士の目から見た印紙税について、少し述べます。私が金融機関に所属していた頃の経験に照らしても、印紙税の意識なしに課税文書を作ってしまうケースはあると思います。ましてや、それまでの自分の経験に照らして印紙税認識のない種類の文書であればなおさらです。

　リスク管理も同じことが言えます。どんな企業においても共通に認識すべきリスクとしては、コンプライアンスリスクがあります。セクハラやパワハラといったことは、高度成長期世代には無縁のコンプライアンス概念でした。かつてはサービス残業も当たり前でした。キャリアに照らしてリスク感覚のないリスクについて自覚することは難しいといえます。リスク管理については、例えば、取引先の信用状態、商品の市況等と無関係のセクションにいたら、そういったリスクへの感性も磨かれません。

　印紙税は特定の種類の文書にしか課税されませんから、それまでの自分のキャリアの中でそういった種類の文書に触れていないと印紙税感覚は醸成されません。不動産の売買、請負、消費貸借等特定の契約形態にしか課税されませんから、そのような取引に関与しない部門だけにいれば、その人が新たに作る文書は印紙税配慮がされていないのもいたしかたないことでしょう。海外では課税されないのに、日本（だけ）では課税されるような文書の場合、海外畑の人は危ないといえます。部門が小さく収益も小さい場合、印紙税だけで部門の収益が吹き飛ぶようなことは避けなければなりません。その場合、文書の形式を一新する必要がありますが、それができなければ、税引後利益としてのビジネスモデルは成り立っていないことになってしまうでしょう。

# 第2章 各論

# 1 第1号文書

## (1) 第1号の1文書
「不動産、鉱業権、無体財産権、船舶若しくは航空機又は営業の譲渡に関する契約書」

ア　第1号の1文書の意義及び範囲
(ア) 不動産の意義

「不動産」とは、民法上の「土地及びその定着物」という定義よりも広く、法律の規定により不動産とみなされるもののほか、鉄道財団、軌道財団及び自動車交通事業財団を含みます（別表第一課税物件表1号文書の定義欄1）。

なお、第1号の1文書では「不動産」の譲渡に関する契約書とされているので、第1号の2文書の「土地」の賃借権の設定又は譲渡に関する契約書とは異なり、譲渡の対象が不動産のうち「土地」に限定されないことには注意が必要です。したがって、建物の譲渡契約書も第1号の1文書の対象となります。

(イ) 鉱業権の意義

「鉱業権」とは、鉱業法第5条に規定する鉱業権をいい、同法第59条の規定により登録されたものに限られます（印基通1号の1文書の9）。

(ウ) 無体財産権の意義

「無体財産権」とは、特許権、実用新案権、商標権、意匠権、回路配置利用権、育成者権、商号及び著作権をいいます（別表第一課税物件表1号文書の定義欄2）。したがって、この8種類に含まれない、例えばノウハウ等の譲渡契約書は本号に該当しません。

そして、第1号の1文書の無体財産権の譲渡に関する契約書は、無体財産権そのものの譲渡契約書をいうので、例えば、無体財産権の使用権・実施権を設定する契約書や、使用権・実施権を譲渡する契約書は、第1

号の1文書に該当しません。
(エ) 船舶の意義
　「船舶」とは、船舶法第5条に規定する船舶原簿への登録が必要な総トン数20トン以上の船舶及びこれに類する外国籍の船舶をいい、その他船舶は物品として取り扱われます（印基通1号の1文書の19）。
(オ) 航空機の意義
　「航空機」とは、航空法第2条に規定する航空機をいい、同法第3条の規定による登録の有無を問いません（印基通1号の1文書の21）。
(カ) 営業の譲渡の意義
　「営業の譲渡」とは、営業活動を構成している動産、不動産、債権、債務等を包括した一体的な権利、財産としてとらえられる営業の譲渡をいい、その一部の譲渡を含みます。
　なお、営業譲渡契約書の記載金額は、その営業活動を構成している個々の動産及び不動産等の金額をいうのではなく、その営業を譲渡することについて対価として支払われるべき金額をいいます（印基通1号の1文書の22）。

イ　事例検討
(ア) 土地売買契約書
　乙山次郎は、丙不動産の仲介で甲不動産より土地を購入することになり、次の土地売買契約書を締結しました。この土地売買契約書は課税文書に該当しますか。また、この契約書末尾では仲介人の丙不動産も記名押印をしていますが、この文書の作成者（納税義務者）は誰になるのでしょうか。

土地売買契約書

　甲不動産株式会社（以下「甲」という。）と乙山次郎（以下「乙」という。）は、次のとおり土地売買契約（以下「本契約」という。）を締結する。

（売買）
第1条　甲は乙に対し、本契約書末尾記載の甲所有の土地（以下「本件土地」という。）を、1平方メートルあたり金50万円也にて売渡し、乙はこれを買い受ける。

（手付金）
第2条　乙は甲に対し、本契約締結と同時に手付金として金1,000万円也を支払い、甲はこれを受領した。

（代金の支払い）
第3条　乙は甲に対し、平成○○年○月○日限り、第4条に定める所有権移転登記手続及び第5条に定める本件土地の引渡を受けるのと引き換えに売買代金として金5,000万円也（うち金1,000万円は第2条により交付された手付金を充当する。）を支払う。

（省略）

（仲介人手数料）
第6条　甲及び乙は、仲介人丙不動産株式会社（以下「丙」という。）に対し、本契約成立に際し仲介手数料金10万円也を各々支払うものとし、丙はこれを受領した。

（物件の表示）
東京都千代田区神田小川町○丁目○番○号の宅地　100平方メートル

本契約締結の証として本書3通を作成して、各自署名押印のうえ各1通を保有する。

　平成30年6月16日

　　　　　　　　　　　（売主）　甲不動産株式会社　　　　　印
　　　　　　　　　　　（買主）　乙山　次郎　　　　　　　　印
　　　　　　　　　　　（仲介人）丙不動産株式会社　　　　　印

結論　第1号の1文書に該当します。
　　　作成者（納税義務者）は契約当事者である甲と乙ですが、仲介人丙の所持する文書も課税文書となります。

　事例の文書は、「土地売買契約書」であり、第1号の1文書（不動産の譲渡に関する契約書）に該当します。本契約の契約金額は、5,000万円です（3条）。
　そして、第2条には、手付金1,000万円を甲が受領した旨の記載があり、第6条には、仲介手数料合計20万円を丙が受領した旨の記載があります。第2条の手付金は資産譲渡の対価であり、第6条の仲介手数料は役務提供の対価であり、ともに売上代金になりますので、第17号の1文書（売上代金に係る金銭の受取書）に該当し、受取金額はその合計の1,020万円となります（通則4イ、印基通24(1)）。
　したがって、事例の文書は、第1号の1文書と第17号の1文書に該当することになりますが、ある文書が第1号文書と第17号文書に該当する場合は、次のような基準で所属の決定を行います。この基準は所属の決定に関する法令・通達の定めをわかりやすくまとめたものです（通則3イ、印基通11①(1)(4)）。

> ア ①売上代金の受取金額が記載されていて、②それが100万円を超えており、③しかも、第1号文書の契約金額を超えている場合には、第17号の1文書になる。
> イ ①売上代金の受取金額が記載されていて、②それが100万円を超えており、③しかも、第1号文書の契約金額の記載がない場合には、第17号の1文書になる。
> ウ アとイ以外の場合には、第1号文書になる。

事例の文書の第1号の1文書の契約金額は5,000万円です。第17号の1文書の受取金額は、1,020万円です。したがって、事例の文書は、①売上代金の受取金額が記載されていて、②それが100万円を超えているものの、第1号文書の契約金額を超えてはいませんので、ウに該当することになり、第1号の1文書に所属が決定します。

第1号文書の記載金額は契約金額の5,000万円ですから、印紙税額は2万円(平成26年4月1日から平成32年3月31日までに作成される不動産の譲渡に関する契約書で記載金額が10万円を超えるものについては、軽減税率が適用されますので、印紙税額は1万円)となります。

なお、仲介人丙の所持する契約書も第1号の1文書に該当しますが、仲介人自身は不動産の譲渡に関する契約当事者ではないため、この文書の作成者(納税義務者)にはならず、不動産売買契約の当事者である甲と乙が連帯して丙所持分も含めた3通分の納税義務を負うことになります。

(イ) 覚書

甲と乙は、将来的に乙が甲所有の土地を購入することとし、その詳細を、次の覚書に残すことにしました。本契約を締結する際には別途売買契約書を作成する予定です。この覚書は課税文書に該当しますか。

覚　書

　売主甲と買主乙は、覚書末尾記載の土地（以下「本件土地」という。）について、下記の内容で将来不動産売買契約を締結することを合意したため、本覚書を作成して甲乙各自1通を所持するものとする。

（売買価格）

第1条　本件土地の売買価格は、1平方メートルあたり金50万円也とする。

（支払い）

第2条　乙は甲に対し、売買契約締結と同時に手付金として金1,000万円也を支払い、売買残代金は所有権移転登記時に支払うものとする。

（契約時期）

第3条　平成31年3月31日までに売買契約を締結するものとする。

平成30年9月1日

　　　　　　　　　　　　　　　　　　　　（売主）　甲　印
　　　　　　　　　　　　　　　　　　　　（買主）　乙　印

（物件の表示）
　東京都港区〇〇1丁目2番地3　宅地100平方メートル

結論　第1号の1文書に該当します。

　印紙税法上の契約書とは、その名称のいかんを問わず、契約の成立等の事実を証明する目的で作成する文書をいいます。そして、契約には予約を含むものとされています（通則5）。予約とは、本契約を将来成立させることを約する契約をいいます（印基通15）。

事例の覚書は、将来、不動産売買契約を成立させることを約していることから予約にあたります。そして、覚書では、第1号の1文書の重要事項である目的物の内容（物件表示欄の土地）、単価（1平方メートルあたり50万円）、契約金額（1平方メートルあたり50万円×100平方メートルで計算）、契約金額の支払方法又は支払時期（2条）の記載があり、これらの事実を証明する目的で作成された文書といえますので、第1号の1文書に該当します。

　記載金額は、1平方メートルあたり50万円に100平方メートルを乗じて得られる5,000万円で（通則4ホ(1)、印基通24(6)、25①）、印紙税額は2万円（軽減税率が適用されると印紙税額は1万円）となります。

　なお、この事例では、後に本契約を締結する際に、別途、売買契約書が作成されることになっていますが、印紙税の納税義務は課税文書を作成するごとに発生します。したがって、仮に、同一取引において本契約と予約で1通ずつ契約書を作成した場合であっても、それがいずれも契約の成立等を証明するために作成されたのであれば、その2通ともに課税されることになります。事例の文書は、予約の成立を証明するために作成されていることが明らかであるため、このように、後に売買契約書が作成されるとしても覚書が課税されるという結論に変わりありません。

(ウ) 不動産売渡証書

　次の文書は、不動産の売買について、当事者双方が売買契約書を作成し、その後、更に登記のために作成された「売渡証書」です。この文書は課税文書に該当しますか。

平成30年4月3日

東京都○○区○○町○丁目○番○号
甲野　太郎　殿

　　　　　　　　　　東京都○○区○○町○丁目○番○号
　　　　　　　　　　乙山不動産株式会社　印

不動産売渡証書

　当社は、下記不動産を本日貴殿に対し売り渡し、その代金を本日確かに受け取りました。下記不動産には、抵当権、質権、地上権、賃借権等完全な所有権の行使を妨げる一切の負担はなく、万一問題が生じた場合には、当社が一切の責任をとり、貴殿には決してご迷惑をおかけいたしません。

　後日のためにこの売渡証書を差し入れます。

記

(不動産の表示)
　1　所在　○○区○○町○丁目
　2　地番　○番
　3　地目　宅地
　4　地積　100平方メートル
(売買代金の表示)
　売買代金　金3,000万円
以　上

結論　第1号の1文書に該当します。

　印紙税法上の契約書とは、その名称のいかんを問わず、契約の成立等

の事実を証明する目的で作成する文書をいいます。すなわち、文書の名称が売渡証書、売渡証明、念書その他の名称であっても契約の成立等の事実を証明する目的で作成される文書であれば課税文書に該当することになります（通則5）。

事例の文書は、「売渡証書」という名称ではありますが、対象不動産を乙山不動産株式会社から甲野太郎に売り渡した旨を記載しており、不動産譲渡契約の成立の事実を証明する目的で作成された文書といえるので、第1号の1文書（不動産の譲渡に関する契約書）に該当します。第1号の1文書の記載金額は売買代金3,000万円です。

また、事例の文書には売買代金3,000万円を受領した旨の記載があり、第17号の1文書（売上代金に係る金銭の受取書）にも該当します。記載金額は受領した3,000万円です。

以上より、事例の文書は、第1号の1文書と第17号の1文書に該当するため、事例（ア）と同様の基準で所属の決定を行う必要があるところ、記載金額が同額のため第1号の1文書に所属が決定します（通則3イ、印基通11①(1)(4)）。第1号文書の記載金額が3,000万円の場合、印紙税額は、2万円（軽減税率が適用されると印紙税額は1万円）となります。

なお、この売渡証書を作成する前に不動産売買契約書という課税文書を既に作成しているとはいえ、この売渡証書は不動産売買契約の成立を証明するために作成された文書である以上、課税文書に該当します。印紙税の納税義務は課税文書を作成するごとに発生するので、契約の成立等の事実を証明する目的で作成した文書であれば、そのいずれもが課税文書となります。

(エ) 不動産購入申込書

次の文書は、建売住宅の購入申込者が2部複写の方法により所要事項を記載して販売会社へ提出し、うち1部に販売会社の宅地建物取引士が

記名押印をして購入申込者に返却するものです。課税文書に該当しますか。なお、売買契約締結時には別途売買契約書を作成するものとしています。

---

不動産購入申込書

甲不動産株式会社　殿

　私は、貴社の下記の「2．申込承諾条件」を了承して、下記表示物件購入の申込みをいたします。

平成30年8月4日

　　　　　　　　　　申込者　住所　東京都杉並区○○町○-○-○
　　　　　　　　　　　　　　氏名　乙山次郎　印

記

1．物件の表示
　　所在　○○区○○町○丁目
　　　　　土地面積　100平方メートル
　　　　　建物面積　85平方メートル

2．申込承諾条件
　(1) 申込者は、申込みと同時に申込証拠金として、金10万円を甲不動産に支払うものとします。甲不動産は、不動産購入申込書と申込証拠金を受領したときに、申込みを承諾します。
　(2) 申込者と甲不動産は、申日から起算して7日以内に、別途売買契約書を作成するものとします。
　(3) 申込者が (2) の期限までに売買契約書に調印をしない場合、甲不動産は (1) の承諾を撤回することができ、申込者に申込証拠金を全額返還します。

3．備考
　(1) ローン特約　有
　(2) 引渡希望日　平成 30 年 9 月 1 日

以上

甲不動産株式会社
代表取締役　甲野　一郎
宅地建物取引士　登録番号〇〇〇〇
丙川みつ子　印

結論　乙山次郎が所持する文書は第 1 号の 1 文書に該当します。
　　　甲不動産株式会社が所持する文書は課税文書には該当しません。

　この文書には建売住宅の購入の申込みの記載があり、対象不動産も明示されていますので、第 1 号の 1 文書（不動産の譲渡に関する契約書）に該当するか否かを検討します。
　事例の文書は「不動産購入申込書」という名称ですが、印紙税法上の契約書とは、その名称のいかんを問わず、契約の成立等の事実を証明する目的で作成する文書をいうので、文書の名称が「申込書」であっても契約の成立等の事実を証明する目的で作成される文書であれば課税文書に該当します。他方、一方当事者による単なる申込書であれば課税文書には該当しません。
　まず、販売会社の保存する文書について検討しますと、この文書の申込承諾条件 (1)には、「甲不動産は、不動産購入申込書と申込証拠金を受領したときに、申込みを承諾します」との記載がありますので、印紙税法基本通達第 21 条第 2 項第 1 号の「一方の申込みにより自動的に契約が成立することとなっている場合における当該申込書」に該当します。しかし、申込承諾条件 (2)には別途売買契約書を作成する旨が定められ

ていますので、印紙税法基本通達第21条第2項第1号ただし書きの「契約の相手方当事者が別に請書等契約の成立を証明する文書を作成することが記載されているもの」にあたり、同号の契約書には該当しません。

次に、申込者の保存する文書について検討しますと、この文書には契約当事者双方の署名又は押印があるので、印紙税法基本通達第21条第2項第3号の「契約当事者双方の署名又は押印があるもの」に該当し、同号の契約書にはあたります。これは文書が往復しているもの、すなわち、販売会社が申込みに対する承諾事実を証明して申込者に交付するものであることから、契約書にあたります。

この文書には、申込証拠金の記載がありますが、不動産売買に関する契約金額にはあたらないため、記載金額にはなりません。

したがって、事例の文書は、記載金額のない第1号の1文書に該当し、印紙税額は200円となります。

なお、この文書に購入不動産の売買金額を記載している場合には、その記載金額に応じて所要の印紙税を納付することになります。

## (2) 第1号の2文書
「地上権又は土地の賃借権の設定又は譲渡に関する契約書」
### ア　第1号の2文書の意義及び範囲
(ア) 地上権の意義

「地上権」とは、民法第265条に規定する地上権をいい、同法第269条の2に規定する地下又は空間の地上権を含みます（印基通1号の2文書の1）。

(イ) 土地の賃借権の意義

「土地の賃借権」とは、民法第601条に規定する賃貸借契約に基づき賃借人が土地（地下又は空間を含みます。）を使用収益できる権利をいい、借地借家法第2条に規定する借地権に限られません（印基通1号の

2文書の2)。すなわち、建物所有以外を目的とする土地の賃借権であっても構いません。

　なお、第1号の2文書では「土地」の賃借権の設定又は譲渡に関する契約書とされているので、第1号の1文書の「不動産」の譲渡に関する契約書とは異なり、対象が不動産のうち「土地」に限定されることには注意が必要です。したがって、建物の賃借権の設定又は譲渡に関する契約書は第1号の2文書には該当しません。

(ウ) 地上権、賃借権、使用貸借権の区分

　地上権であるか土地の賃借権又は使用貸借権であるかが明らかでないものは、土地の賃借権又は使用貸借権として取り扱います。

　そして、土地の賃借権と使用貸借権との区別は、土地を使用収益することについて対価を支払うこととなっているか否かによります。対価を支払う場合は土地の賃借権となり、第1号の2文書（土地の賃借権の設定に関する契約書）にあたりますが、対価を支払わない場合は土地の使用貸借権となり、これは第1号の2文書にも他の課税文書にもあたりません（印基通1号の2文書の3）。

イ　事例検討

(ア) 土地賃貸借契約書

　次の文書は、土地を賃貸借することについて定めた契約書です。課税文書に該当しますか。

土地賃貸借契約書

　賃貸人甲と賃借人乙は、本日甲所有の土地の賃貸借をするため次のとおり賃貸借契約を締結する。

第1条　賃貸人甲は、甲の所有する下記表示の土地を賃借人乙に賃貸し、乙はこれを借り受け、賃料を支払うことを約した。

　　　　物件所在地　東京都中央区○○○1-2-3
　　　　（宅地）　　100平方メートル

第2条　この契約の期間は、平成30年9月1日から満30年とする。

第3条　賃借人乙は、賃貸人甲に対してこの契約締結から1週間以内に敷金として150万円を預け入れなければならない。

第4条　賃料は月額50万円とする。

　　　（中略）

　以上のとおり契約したので、その証として本書3通を作成し、各当事者並びに連帯保証人丙が記名押印の上、各自その1通を所持する。

平成30年8月14日

　　　　　　　　　　　　　　賃貸人　　　甲　印
　　　　　　　　　　　　　　賃借人　　　乙　印
　　　　　　　　　　　　　　連帯保証人　丙　印

結論　第1号の2文書に該当します。

　事例の文書では、賃貸人甲と賃借人乙の間で第1条に定める甲所有の土地について乙に賃貸する旨を約していますので、土地の賃借権の設定に関する契約書（第1号の2文書）に該当します。

　第1号の2文書の契約金額とは、土地の賃借権の設定又は譲渡の対価である金額をいいます。具体的には、賃貸料を除き、権利金その他名称のいかんを問わず、契約に際して相手方当事者に交付し、後日返還されることが予定されていない金額をいいます。したがって、後日返還され

ることが予定されている保証金、敷金等は契約金額には該当しません（印基通23（2））。また、賃貸料は契約成立後における土地の使用収益上の対価であって、土地の賃借権の設定又は譲渡の対価ではないため、第1号の2文書の契約金額には該当しません。

　事例の文書では、賃料と敷金の金額の記載はありますが、賃料と敷金は土地の賃借権の設定の対価にはあたりません。その他土地の賃借権の設定の対価となる金額の記載はありませんので、事例の文書は記載金額のない第1号の2文書となります。印紙税額は200円です。

　なお、納税義務者は契約の当事者である甲と乙ですが、連帯保証人が所持する契約書も課税文書になりますので、甲と乙は丙が保有する契約書も含め3通分の印紙税について連帯納税義務を負うことになります。

（イ）土地賃貸借変更契約書

　次の文書は、既に成立している土地賃貸借契約の一部を変更する変更契約書です。課税文書に該当しますか。

---

土地賃貸借変更契約書

　賃貸人甲と賃借人乙は、平成25年4月25日付け土地賃貸借契約書第5条（賃料）の規定を、以下のとおり改定するものとし、本契約書を締結する。

第1条　月額賃料金45万円を金50万円に改める。
第2条　その他の条項は従前のとおりとする。
第3条　第1条の賃料の改定は平成30年1月1日から実施する。

　上記のとおり賃貸借契約を改定し、この証書2通を作成し、当事者記名押印の上、各自1通を所持する。

平成29年12月14日　　　　　　　　賃貸人　甲　印
　　　　　　　　　　　　　　　　賃借人　乙　印

---

結論　第1号の2文書に該当します。

事例の文書は、既に成立している土地賃貸借契約の一部を変更する変更契約書ですが、印紙税法上の契約書とは、その名称のいかんを問わず、契約の成立、更改、契約の内容の変更又は補充の事実を証明する目的で作成する文書（通則5）とされていますから、変更契約書も印紙税法上の契約書にあたります。

　そして、変更契約書のうち、印紙税法で定められている重要な事項を変更するもののみが課税文書に該当することになります。事例の文書は、土地の賃貸借契約の内容を変更するものなので、第1号の2文書に該当するか否かを検討します。

　第1号の2文書のうち、地上権又は土地の賃借権の設定に関する契約書の重要な事項は下記の通りです。

---

第1号の2文書のうち、
地上権又は土地の賃借権の設定に関する契約書の重要な事項

(1) 目的物又は被担保債権の内容
(2) 目的物の引渡方法又は引渡期日
(3) 契約金額又は根抵当権における極度金額
(4) 権利の使用料
(5) 契約金額又は権利の使用料の支払方法又は支払期日
(6) 権利の設定日若しくは設定期間又は根抵当権における確定期日
(7) 契約に付される停止条件又は解除条件
(8) 債務不履行の場合の損害賠償の方法

---

　事例の文書は月額賃料を変更する文書です。これは上記の重要な事項の(4)権利の使用料にあたりますから、重要な事項を変更する文書となり、第1号の2文書に該当します。

　賃料は、賃借権の設定又は譲渡の対価たる金額とならないため、第1

号の2文書の契約金額にはなりません。したがって、この文書は、記載金額のない第1号の2文書にあたるため、印紙税額は200円になります。

(ウ) 駐車場使用契約書

次の文書は、甲所有の土地を駐車場として乙が借り受ける際に作成される「駐車場使用契約書」です。課税文書に該当しますか。

---

駐車場使用契約書

貸主甲と借主乙は、下記1「土地の表示」に表示する土地を駐車場使用目的で賃貸をすることとし、賃貸借契約を締結する。

| 1 | 土地の表示 | ○○県○○市○○町○-○-○○<br>　　平方メートル |
| 2 | 契約期間 | 平成30年3月15日より平成35年3月14日 |
| 3 | 賃貸料 | 月額3万円 |
| 4 | 保証金 | 6万円<br>本契約締結の際、賃借人は保証金6万円也を賃貸人に支払い、賃貸人はこれを受領した。保証金は契約終了時に賃料その他損害がある場合にはその金額を控除して残金を返還するものとする。 |

(以下略)

---

結論　第1号の2文書に該当します。

事例の文書は、甲所有の土地を駐車場として乙が借り受ける際に作成される「駐車場使用契約書」ですが、駐車場の使用を内容とする契約書については、その態様に応じて、実務上次のように取り扱われています(『実務印紙税』92頁)。

| 1 | 駐車場として土地を賃貸借するもの | 土地の賃借権の設定に関する契約書（第1号の2文書） |
| 2 | 車庫を賃貸借するもの | 施設の賃貸借に関する契約書（不課税） |
| 3 | 駐車場の一定の場所に特定の車両を有料で駐車させるもの | 施設の賃貸借に関する契約書（不課税） |
| 4 | 車を寄託（保管）するもの | 物品の寄託契約書（不課税） |

　事例の文書は、甲所有の「土地」を駐車場として賃貸借することを内容とする契約書なので、上記1にあたり、第1号の2文書に該当します。

　また、事例の文書には、賃貸人が保証金を受領した事実が記載されています。保証金の受領文言は双方の当事者が所持する文書にある記載ですが、賃貸人が所持する文書は相手方から交付を受けた金銭の受取書ではありません。すなわち、賃貸人は保証金を受領した旨の証明をするために受取書を交付する立場にあるのであって、受取書の交付を受ける立場にはありません。したがって、賃貸人が所持する文書は金銭の受取書には該当せず、賃借人が所持する文書のみが金銭の受取書に該当します。

　そして、この保証金は返還が予定されているものなので、売上代金には該当せず、賃借人が所持する文書は第17号の2文書に該当することになります。したがって、賃借人が所持する文書は、第1号の2文書と第17号の2文書に該当することになりますが、ある文書が第1号文書と第17号文書に該当する場合は、次のような基準で所属の決定を行います。この基準は所属の決定に関する法令、通達の定めをわかりやすくまとめたものです（通則3イ、印基通11①(1)(4)）。

> ア ①売上代金の受取金額が記載されていて、②それが100万円を超えており、③しかも、第1号文書の契約金額を超えている場合には、第17号の1文書になる。
> イ ①売上代金の受取金額が記載されていて、②それが100万円を超えており、③しかも、第1号文書の契約金額の記載がない場合には、第17号の1文書になる。
> ウ アとイ以外の場合には、第1号文書になる。

事例の文書で、賃貸人が受け取った保証金は、返還が予定されているため売上代金にはあたりません。したがって、ウに該当することになり、事例の文書は第1号の2文書に所属が決定します。

第1号の2文書の契約金額とは、前述のように、土地の賃借権の設定又は譲渡の対価たる金額をいいますが、後日返還されることが予定されている保証金、敷金等や契約成立後における使用収益上の対価ともいうべき賃料は、賃借権の設定又は譲渡の対価たる金額とはいえないため、契約金額には該当しません（印基通23(2)）。

事例の文書には、賃料と返還されることが予定されている保証金の記載はありますが、これらは契約金額にはあたりませんので、記載金額のない文書となります。よって、印紙税額は200円です。

## (3) 第1号の3文書
「消費貸借に関する契約書」

### ア 第1号の3文書の意義及び範囲

「消費貸借」とは、民法第587条に規定する消費貸借をいい、民法第588条に規定する準消費貸借を含みます。なお、消費貸借の目的物は金銭に限りません（印基通1号の3文書の1）。

## イ　事例検討

### （ア）住宅資金借用証

次の文書は、住宅資金を借り受けた従業員が、会社に対して交付する借用証です。課税文書に該当しますか。

---

住宅資金借用証

甲株式会社
代表取締役社長　甲野太郎　殿

金500万円也

上記金額借用いたしました
ただし、住宅購入のための資金として
住宅融資規程に基づき返済いたします

平成30年5月16日　　　　借受人　乙山次郎　印

---

結論　第1号の3文書に該当します。

　事例の文書は、住宅資金を借り受けた従業員が、会社に対して交付する「住宅資金借用証」です。
　通常、他者から金銭を借り入れる際に作成する文書のうち、契約の一方当事者である借主が借入金額、返済期日、利率、利息の支払方法、遅延損害金等の重要な事項を記載して貸主に差し入れる借用書等は、単独作成文書ではありますが、返済義務を負う借主が消費貸借契約の成立を証明するために作成したものとして第1号の3文書に該当します。よって、事例の文書も借主である乙山が作成しているため、この文書に第1号の3文書の重要な事項の記載があれば、第1号の3文書に該当します。

そして、事例の文書には借入金額の記載があるのみで、返済期日、利率、利息の支払方法、遅延損害金等の記載はありませんが、重要な事項がたとえ1つしか記載されていなくてもそれを証明する目的で作成する文書は課税文書に該当しますので（印基通12なお書き）、第1号の3文書に該当します。

　記載金額は500万円なので、印紙税額は2,000円となります。

　なお、会社等の従業員が、会社等の業務執行に関して給付される給料、出張旅費等の前渡しを受けた場合に作成する前借金領収証等で、当該領収証等が社内規則等によって会社の事務整理上作成することとされているものは、当該前借金等を後日支給されるべき給料、旅費等によって相殺することとしている等、消費貸借に関する契約の性質を有するものであっても、第1号の3文書には該当しません（印基通1号の3文書の5）。事例との違いは会社の業務執行に関して作成されるものか否かという点です。この事例で給付される住宅資金は、会社の業務執行に関して給付されるものにはあたりませんので、会社の業務執行に関して給付されるものについて定めたこの通達とは結論が異なります。

(イ) 借入金の受取書

　次の文書は、金銭消費貸借契約に基づき借入金を受領した際に、金銭を受領した借主が貸主に対して交付する「受取書」です。課税文書に該当しますか。該当するとすれば、第何号文書に該当するでしょうか。

その1

受取書

甲株式会社　御中

金500万円也

ただし、平成30年5月15日付金銭消費貸借契約に基づく借入金として上記の金額正に領収いたしました

平成 30 年 5 月 16 日

乙株式会社　代表取締役　乙山次郎　印

その2

受取書

甲株式会社　御中

金 500 万円也

ただし、平成 30 年 5 月 15 日付金銭消費貸借契約に基づく借入金として上記の金額正に領収いたしました

なお、この受取により上記金額の金銭消費貸借契約が成立したことを確認いたします

平成 30 年 5 月 16 日

乙株式会社　代表取締役　乙山次郎　印

その3

受取書

甲株式会社　御中

金 500 万円也

上記の金額正に領収いたしました

記

・返済期日　平成 33 年 5 月 14 日
・利率　年 3%
・遅延損害金　年 10%

以上

平成 30 年 5 月 16 日

乙株式会社　代表取締役　乙山次郎　印

結論　その1　第17号の2文書に該当します。
　　　その2　第1号の3文書に該当します。
　　　その3　第1号の3文書に該当します。

　事例の文書は、いずれも金銭消費貸借契約に基づき借入金を受領した際に、金銭を受領した借主が貸主に対して交付する「受取書」です。
　その1の文書は、「受取書」という名称で500万円を受け取った旨が記載証明されています。500万円は対価として受け取るものではなく、借り入れる資産そのものですので、売上代金に該当しません。したがって、その1の文書は第17号の2文書に該当し、印紙税額は200円になります。
　なお、この文書には「ただし、平成30年5月15日付金銭消費貸借契約に基づく借入金として」という記載がありますが、これは受取原因を示したものであり、金銭消費貸借契約の成立の事実を証明するものではありませんので、この文書は第1号の3文書には該当しません。また、たとえ当事者の主観としては、この受取書を借用証とする目的で文書を作成したとしても、文書上は金銭の受領事実が記載されているにすぎないので、やはり第1号の3文書には該当しません。

　その2の文書は、その1の文書とおよそ同じ記載内容ですが、唯一異なる点は「なお、この受取により上記金額の金銭消費貸借契約が成立したことを確認いたします」との記載があることです。その1の文書と同じく、500万円を受け取った旨の記載証明があり、500万円は売上代金ではありませんので、第17号の2文書に該当します。それに加え、その2の文書には「なお、この受取により上記金額の金銭消費貸借契約が成立したことを確認いたします」との記載があることで、金銭消費貸借契約の成立事実を証明する目的で作成された文書といえるので、第1号

の3文書にも該当することになります。

　したがって、その2の文書は、第1号の3文書と第17号の2文書に該当し、所属の決定により第1号の3文書になります（通則3イ、印基通11①(1)(4)）。印紙税額は、2,000円となります。

　その3の文書には、その1の文書と同じような記載がありますが、異なる点は、返済期日、利率、遅延損害金の記載があることです。その1及びその2の文書と同じく、500万円を受け取った旨の記載証明があり、500万円は売上代金ではありませんので、第17号の2文書に該当します。それに加え、その3の文書には、返済期日、利率、遅延損害金の記載があることで金銭消費貸借契約の成立を証明する文書であることが明らかといえるので、第1号の3文書にも該当することになります。

　したがって、その3の文書は、第1号の3文書と第17号の2文書に該当し、所属の決定により第1号の3文書になります（通則3イ、印基通11①(1)(4)）。印紙税額は、2,000円となります。

　なお、「金500万円受け取りました」と金銭の受取事実のみが記載されている文書でも文書の名称が「借用証」とされている文書や、「金500万円借用しました」等と記載された文書は、返還方法等が記載されていなくてもその文書上借用証であることが明らかですから、第17号の2文書に加えて第1号の3文書にも該当します。

　また、別途、金銭消費貸借契約書が作成されている場合は、その3の文書は単に先に締結した金銭消費貸借契約の内容を確認したものに過ぎず、新たに契約の成立を証明する目的で作成されたものとはいえません。したがって、この場合は第1号の3文書には該当せず、第17号の2文書のみに該当することになります。

(ウ) お取引明細

　次の文書は、顧客が現金自動支払機を利用して貸し付けを受けた際に機械から打ち出され、顧客に交付される明細書です。課税文書に該当しますか。

| お取引明細 | |
|---|---|
| ご利用ありがとうございました | |
| お取扱日 | 30-05-28 |
| 会員番号 | 01234567 |
| お取引内容 | ご融資 |
| ご融資額 | 10万円 |
| お利息 | 1万5,000円 |
| 次回返済期日 | 30-6-30 |
| 最終返済期日 | 32-12-31 |

ABC株式会社

結論　課税文書には該当しません。

　事例の文書は、顧客が現金自動支払機を利用して貸し付けを受けた際に機械から打ち出される明細書です。事例（ア）（イ）と同じく契約の一方当事者が作成する文書ですが、事例（ア）（イ）と異なる点は借入金の返還義務を負う借主が作成した文書ではなく、貸付けをした貸主がその明細を単に記載して打ち出し、顧客に交付する文書であるという点です。そのため、この文書は、消費貸借契約の成立を証明するための文書ではないと判断されています。

　なお、顧客が現金自動支払機を利用して貸付金や利息の返済をした場合に機械から打ち出される紙片については、利息が含まれている場合には利息が貸主の売上代金になりますので第17号の1文書（売上代金に係る金銭の受取書）に、利息が含まれず元金のみを返済するものは第

17号の2文書（売上代金以外の金銭の受取書）に該当します。
（エ）借入金の利率を変更する覚書
　次の「覚書」は既に締結されている金銭消費貸借契約の利率を変更するものです。課税文書に該当しますか。

---

覚書

貸主甲と借主乙は以下のとおり覚書を締結する。

第1条　甲乙間で平成29年8月13日に締結した金銭消費貸借契約書（以下、「原契約」という。）第4条に定める利率を、平成30年10月1日以降年4％に改定するものとする。

第2条　原契約書第5条の遅延損害金その他の規定については、原契約のとおりとする。

第3条　本日現在、貸借金額の残金は500万円也である。

平成30年9月24日

甲　印　　乙　印

---

結論　第1号の3文書に該当します。

　事例の文書は、既に締結されている金銭消費貸借契約の利率を変更するもので、このような文書は一般に変更契約書といわれます。そして、変更契約書の課否判断については、当該文書に重要な事項の記載があるか否かで考えます。つまり、この重要な事項の変更をしていれば課税文書になりますが、重要な事項の変更をしていないのであれば課税文書にはなりません。この覚書では、第1号の3文書の重要な事項にあたる「利率」を変更するものですから、第1号の3文書に該当します。

　契約金額の記載はないため、200円の印紙税が課されます。なお、この文書には、覚書締結日時点での貸借金額の残金の記載がありますが、契約金額とは、当該文書において契約の成立等に関し直接証明の目的と

なっているものをいうところ（印基通23）、貸借金額の残金は原契約書において確定している金額であり、新たにこの金額に関する契約の成立等の事実を証明するものではありませんので、事例の文書の記載金額にはあたりません。

## (4) 第1号の4文書
「運送に関する契約書（用船契約書を含む。）」
### ア 第1号の4文書の意義及び範囲
(ア) 運送の意義

「運送」とは、委託により物品又は人を所定の場所へ運ぶことをいいます（印基通1号の4文書の1）。そして、運送に関する契約書には、乗車券、乗船券、航空券及び運送状は含みません（別表第一課税物件表1号文書の定義欄3）。

(イ) 運送状の意義

「運送状」とは、荷送人が運送人の請求に応じて交付する書面で、運送品とともに到達地に送付され、荷受人が運送品の同一性を検査し、また、着払運賃等その負担する義務の範囲を知るために利用するものをいいます。「運送状」については、上記の通り、第1号の4文書からは除外されています。他方で、標題が運送状又は送り状となっている文書であっても、運送人が貨物の運送を引き受けたことを証明するため荷送人に交付するものは、「運送状」に該当せず、第1号の4文書（運送に関する契約書）に該当します（印基通1号の4文書の2）。

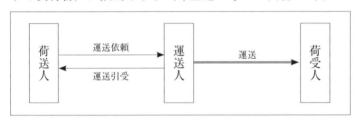

(ウ) 貨物受取書

　運送業者が貨物運送の依頼を受けた場合に依頼人に交付する貨物受取書のうち、貨物の品名、数量、運賃、積み地、揚げ地等具体的な運送契約の成立を記載証明したものは、第1号の4文書に該当し、単に物品の受領の事実を記載証明しているにすぎないものは、第1号の4文書に該当しません（印基通1号の4文書の3）。

(エ) 用船契約の意義

　「用船契約書」は、第1号の4文書に含まれます。そして、「用船契約」とは、船舶又は航空機の全部又は一部を貸し切り、これにより人又は物品を運送することを約する契約で、次のいずれかに該当するものをいいます（印基通1号の4文書の4）。

　(1) 船舶又は航空機の占有がその所有者等に属し、所有者等自ら当該船舶又は航空機を運送の用に使用するもの
　(2) 船長又は機長その他の乗組員等の選任又は航海等の費用の負担が所有者等に属するもの

　「用船契約書」には、航空機の用船契約書を含みます（別表第一課税物件表1号文書の定義欄4）。

(オ) 裸用船契約書

　用船契約書の名称を用いるものであっても、その内容が単に船舶又は航空機を使用収益させることを目的とする、いわゆる裸用船契約書は、船舶又は航空機の賃貸借契約の成立を証すべきものであって、第1号の4文書に該当しません（別表第一課税物件表1号文書の定義欄4、印基通1号の4文書の6）。

イ　事例検討

(ア) 送り状

　次の文書は、運送人が貨物の運送を引き受けた際に荷送人に交付する

ものです。課税文書に該当しますか。

```
                        送  り  状              ┌──────────┐
                                                │ご依頼主様用│
                                                └──────────┘
                                        平成 30 年 6 月 27 日
┌─┬─────────────────────────┬────────────┐
│太│お │〒  123-4567              │品名        │
│線│届 │住所  ○○県○○市○○町 1-2-3  │            │
│内│け │                          │ワレモノ    │
│を│先 │氏名   甲野  太郎    様    │            │
│強├─┼─────────────────────────┼────────────┤
│く│ご│〒  987-6543              │保険金額    │
│ご│依│住所  ○○県○○市○○町 1-2-3  │¥  1,000    │
│記│頼├─────────────────────────┼────────────┤
│入│主│                          │数量  1  個 │
│く│  │氏名   乙山  次子    様    ├────────────┤
│だ│  │                          │重量 ○○kg  │
│さ│  │                          │            │
│い│  │                          │            │
└─┴─────────────────────────┴────────────┘
                                    株式会社鳥飼運送
                                    神田営業所    印
```

結論　第1号の4文書に該当します。

　印紙税法上の契約書とは、その名称のいかんを問わず、契約の成立等の事実を証明する目的で作成する文書をいいます（通則5）。
　この文書の名称は「送り状」ではありますが、運送業者が貨物運送を引き受けた場合に荷送人に交付するものであり、その記載内容を見ると、貨物の品名、数量、荷送人、荷受人、運送保険に関する事項等具体的な運送契約の内容が記載されているため、単なる貨物の受取書ではなく、運送契約の成立事実を記載証明したものといえ、第1号の4文書に該当します。
　そして、第1号の4文書の契約金額とは、運送料、用船料、有料道路利用料、集荷料、配達料、保管料等の運送契約の対価をいい、運送保険料等、運送契約とは別の運送保険契約等の対価を含みません（国税庁HP質疑応答事例1号の4文書の8）。したがって、事例の文書には運送保険の金額の記載はあるものの、運送契約の対価については記載がないため、記

載金額のない第1号の4文書として、200円の印紙貼付が必要になります。

仮に、運送料の記載があれば、その金額に応じた印紙税が課税されることになります。また、送り状交付の際に運送料が確定できなくても、運送料が1万円未満になることが明確であれば、「運送料1万円未満」等の記載をすることで、記載金額は1万円未満となりますから、非課税文書となります（別表第一課税物件表1号文書の非課税物件欄）。

なお、貨物とともに荷受人に送付される文書は、印紙税の課税対象から除かれている「運送状」に該当しますので、課税文書には該当しません（別表第一課税物件表1号文書の定義欄3）。

(イ) 貨物受取書

次の2つの文書は、運送業者が運送物品を受け取った際に、荷送人に交付する「貨物受取書」です。課税文書に該当しますか。

その1

```
                    貨 物 受 取 書
                         (荷主用)
 下記受け取りました。            No.1234567
 運送人　丙川　三郎              平成30年6月29日
```

| | 〒 123-4567 | 品名 | | 数量 |
|---|---|---|---|---|
| お届け先 | 住所　○○県○○市○○町 4-5-6 | 品目A | | 1個 |
| | | 品目B | | 2個 |
| | 氏名　乙山　次郎　　様 | | | |
| ご依頼主 | 〒 123-4567 住所　○○県○○市○○町 1-2-3 | 運送料 | 60,000円 | |
| | | 運送保険料 | 1,000円 | |
| | | 自動車運賃 | 12,000円 | |
| | | 保管料 | 5,000円 | |
| | 氏名　甲野　太郎　　様 | 運送品価格 | 品目A ●●円 | |
| | | | 品目B ●●円 | |
| | | 備考　ワレモノ | | |

その2

```
              貨 物 受 取 書
                              No.1234567
                              平成30年7月2日
 甲野　太郎　様
     ┌─────────┬──────────────────┐
     │         │ 品名A　1個       │
     │ 品名／個数├──────────────────┤
     │         │ 品名B　2個       │
     ├─────────┼──────────────────┤
     │ 備　考  │                  │
     └─────────┴──────────────────┘
                    上記貨物正に受領しました
                        運送人　丙川 三郎　印
```

結論　その1　第1号の4文書に該当します。
　　　その2　課税文書に該当しません。

　印紙税法上の契約書とは、その名称のいかんを問わず、契約の成立等の事実を証明する目的で作成する文書をいいます（通則5）。
　その1の文書の名称は「貨物受取書」ではありますが、運送業者が貨物運送の依頼を受けた場合に依頼人に交付するものであり、その記載内容を見ると、貨物の品名、数量、運賃、荷送人、荷受人等具体的な運送契約の内容が記載されているため、運送契約の成立事実を記載証明したものといえ、第1号の4文書に該当します。
　そして、第1号の4文書の契約金額とは、運送料、用船料、有料道路利用料、集荷料、配達料、保管料等の運送契約の対価のすべてをいい、品代金取立料（代引手数料）、運送保険料等の運送契約とは別の代金取立委託契約、運送保険契約等の対価を含みません。また、品代金取立金（代引）、運送品価格等の金額を記載しても、これは運送契約の対価ではあ

りませんから、記載金額にはなりません（国税庁HP質疑応答事例1号の4文書の8）。したがって、この事例の記載金額は、運送料、自動車運賃、保管料の合計となる7万7,000円となり、印紙税額は200円です。

その2の文書は、貨物を受領した事実を証明するための文書です。単に貨物の受領事実を証明する文書は、運送契約の成立事実を証明する文書ではないので、第1号の4文書には該当しません（印基通1号の4文書の3）。

(ウ) ご進物品承り票

次の文書は、ABC百貨店が商品購入の申込みを受けた際にお客様控えとして顧客に交付している文書です。配送料の記載がありますが、第1号の4文書として課税文書に該当しますか。

|  |  |
|---|---|
| ご進物品承り票 | 平成30年 7月 16日 |

| ご依頼主 |
|---|
| ご住所　〒　678-9012<br>〇〇県〇〇市〇〇町7-8-9 |
| 会社名　甲株式会社 |
| 部署名・肩書き |
| お名前<br>甲野太郎　　　　　　　　　様 |
| 電話番号　333-4444-5555 |

| お届け先1 | | 商品名 | 価格 | 数量 |
|---|---|---|---|---|
| ご住所　〒123-4567　〇〇県〇〇市〇〇町4-5-6 | | 商品番号 | 品目A（No.1234） | 3,000円 | 1 |
| | | 商品番号 | 品目B（No.5678） | 2,000円 | 1 |
| 会社名　乙山コーポレーション | | 熨斗 | いずれかを〇で囲んでください。㊙御中元・御歳暮・無地熨斗・内祝御祝・御見舞・その他（　　　）不要 | | |
| 部署名・肩書き　第1営業部 | | | | | |
| お名前　乙山　次郎　　　　　様 | | | | | |
| 電話番号　012-1234-5698 | | 配送料 | クール便　2,000円 | | |

（注：上記表の「御中元」に〇印）

| お届け先2 | | 商品名 | 価格 | 数量 |
|---|---|---|---|---|
| ご住所　〒891-2345　〇〇県〇〇市〇〇町1-2-3 | | 商品番号 | 品目C（No.910） | 5,000円 | 1 |
| | | 商品番号 | | | |
| 会社名　丙オフィス | | 熨斗 | いずれかを〇で囲んでください。㊙御中元・御歳暮・無地熨斗・内祝御祝・御見舞・その他（　　　）不要 | | |
| 部署名・肩書き　社長 | | | | | |
| お名前　丙みつ子　　　　　様 | | | | | |
| 電話番号　000-1111-2222 | | 配送料 | 普通便　1,300円 | | |

ABC百貨店

結論　課税文書に該当しません。

　事例の文書は「ご進物品承り票」という名称で、商品番号、商品名、取扱数量、単価等が記載されていますから、顧客とABC百貨店の間で物品の売買契約が成立したことを証明するために作成される文書といえ

ます。物品の売買契約書は不課税になりますので、事例の文書は課税文書には該当しません。

　なお、この文書には「配送料」の記載がありますが、「ご進物品承り票」は、物品の購入という売買契約に関し作成されるもので、「配送料」はそれに付随して発生するものにすぎません。よって、「配送料」の記載は実費を徴収することを記載したものにすぎず、独立した運送契約に関する記載ではありません。したがって、配送料を含めその全体が物品の売買契約と評価され、第1号の4文書その他の課税文書には該当しません。

　なお、先の事例で説明した「送り状」や「貨物受取書」は、その基因となる契約が物を運ぶという運送契約であり、その運送契約に関する文書の中に第1号の4文書の重要な事項の記載があれば当然に第1号の4文書に該当することになります。

### (5) 課税標準及び税率

　第1号文書に該当すると、記載された契約金額に応じて印紙税額が決まります。印紙税額は以下の通りです。

```
＜課税標準及び税率＞
1　契約金額の記載のある契約書　次に掲げる契約金額の区分に応
　じ、1通につき、次に掲げる税率とする。
　　10万円以下のもの                          200円
　　10万円を超え50万円以下のもの              400円
　　50万円を超え100万円以下のもの             1千円
　　100万円を超え500万円以下のもの            2千円
　　500万円を超え1千万円以下のもの            1万円
　　1千万円を超え5千万円以下のもの            2万円
　　5千万円を超え1億円以下のもの              6万円
```

|  | 1億円を超え5億円以下のもの | 10万円 |
|  | 5億円を超え10億円以下のもの | 20万円 |
|  | 10億円を超え50億円以下のもの | 40万円 |
|  | 50億円を超えるもの | 60万円 |
| 2 | 契約金額の記載のない契約書　1通につき | 200円 |

## (6) 不動産売買契約書の印紙税の軽減措置

不動産売買契約書については、平成9年度の税制改正において、租税特別措置法の一部が改正され、不動産の譲渡に関する契約書について、印紙税の税率の軽減措置が講じられ（租特法91）、平成25年度の税制改正において印紙税の税率の軽減措置が拡充されています（建設工事請負契約書についても軽減されています。）。

軽減措置の対象となる不動産の譲渡に関する契約書とは、別表第一課税物件表1号文書の物件名欄1に掲げる「不動産の譲渡に関する契約書」をいいますが、1つの文書が、不動産の譲渡に関する契約書と同号に掲げる他の契約書とに該当するものも軽減措置の対象になります。なお、これらの契約書に該当するものであれば、土地・建物の売買の当初に作成される契約書のほか、売買金額の変更等の際に作成される変更契約書や補充契約書等についても軽減措置の対象になります。

【軽減後の税率】

| 記載された契約金額 | H9.4.1〜H26.3.31 | H26.4.1〜H32.3.31 |
|---|---|---|
| 10万円を超え50万円以下のもの |  | 200円 |
| 50万円を超え100万円以下のもの |  | 500円 |
| 100万円を超え500万円以下のもの |  | 1千円 |

| | | |
|---|---|---|
| 500万円を超え1千万円以下のもの | | 5千円 |
| 1千万円を超え5千万円以下のもの | 1万5千円 | 1万円 |
| 5千万円を超え1億円以下のもの | 4万5千円 | 3万円 |
| 1億円を超え5億円以下のもの | 8万円 | 6万円 |
| 5億円を超え10億円以下のもの | 18万円 | 16万円 |
| 10億円を超え50億円以下のもの | 36万円 | 32万円 |
| 50億円を超えるもの | 54万円 | 48万円 |

## (7) 非課税物件

　契約金額の記載のある契約書(通則3イの規定が適用されることによりこの号に掲げる文書となるものを除く。)のうち、当該契約金額が1万円未満のものは、非課税となります。

---

### 【コラム】印紙税の形式性

　印紙税は印紙税法が定める課税文書に課されます。印紙税がかかるか否かは文書の形式で判断されます。印紙税の課税・不課税判断では、原則として形式だけを問題にして実質には立ち入りません。
　一方、話は若干飛躍しますが、リスク管理においても形式が重要です。形式のないところに実質が存在することを証明することは難しいのです。例えば、組織として監査部門がないのに監査が行われている、事務手続規定がないのに標準的な事務手続きが行われている、と実質面を主張しても認められないということです。

## 2 第2号文書
「請負に関する契約書」

### (1) 第2号文書の意義及び範囲

#### ア 請負の意義

「請負」とは、当事者の一方がある仕事を完成することを約し、相手方がその仕事の結果に対して報酬を支払うことを約することにより効力を生ずる契約をいいます（民法632）。

請負の目的物は、建物の建築、物品の製作・加工・修理のような有形のものに限られず、ソフトウェアの保守、ビルの清掃等無形のものも含まれます。

請負の特徴は、契約の目的が仕事を完成させることにある点です。このような特徴から、一般的に請負においては、請負者が自ら仕事を行わず第三者に下請けさせることもできます。また、仕事を完成して初めて報酬を得られるため、仕事を完成しなくても報酬が支払われるものは基本的には請負に該当しない例が多いでしょう。仕事の完成に対して注文者が報酬を支払うことは請負の本質的な要素になりますので、報酬が全く支払われないようなものは請負には該当しません。

#### イ 請負と売買の区別

請負との区別が難しい契約として売買があります。

売買とは、当事者の一方がある財産権を相手方に移転することを約し、相手方がこれに対してその代金を支払うことを約することによって効力を生ずる契約をいいます（民法555）。売買の特徴は、契約の目的が目的物の所有権を移転することにある点です。

両者の定義や特徴を比較するとその性質は全く異なりますが、実務上は請負と売買の両方の要素を併せ持つ契約が多数存在します。例えば、

紳士服店において、イージーオーダーで紳士服を購入する場合、生地の購入をする点からは売買にあたるように思えますが、仕立てを依頼する点からは請負にあたるようにも思えます。また、既製服を購入して寸法直しをしてもらう場合はどのように考えるか等も問題になります。

印紙税との関係では、ある文書が請負に該当すれば、請負に関する契約書（第2号文書）や請負の継続的取引の基本となる契約書（第7号文書）として印紙税の課税対象となるのに対し、売買に該当すれば、継続的取引の基本となる契約書（第7号文書）に該当するものと不動産等の売買に関する契約書（第1号の1文書）に該当するもの以外（物品の売買契約書等）は不課税となりますので、請負と売買の区別が重要になります。

なお、ある文書が請負契約又は物品の売買契約に該当した場合の印紙税の取扱いは、次の通りになります（国税庁HP 質疑応答事例2号文書の3）。

| | 契約の内容 | 所属号別 |
|---|---|---|
| 請負契約 | 継続する請負で、契約金額の記載のあるもの<br>（例）機械保守契約で、月額の保守料金と契約期間の記載のある契約書 | 2号 |
| | 継続する請負で、契約金額の記載のないもの<br>（例）機械保守契約で、契約期間の記載があるが、月額保守料金を別途、覚書で定めることにしている契約書 | 7号 |
| | 継続する請負で、契約金額の記載のないもの<br>（例）機械保守契約で、月額の保守料金の記載はあるが、契約期間が特定されていない契約書 | 7号 |
| | 契約期間が3か月以内で、かつ、更新の定めのないもの | 2号 |
| | 単発（1取引）の請負で、契約金額の記載のあるもの<br>（例）契約金額の記載のある建築工事請負契約書 | 2号 |
| | 単発（1取引）の請負で、契約金額の記載のない契約書<br>（例）契約金額は別途定めることにしている建築工事請負契約書 | 2号 |

| 売買契約 | 継続する売買<br>（例）継続する２以上の売買取引について目的物の種類等を定めた契約書 | 7号 |
|---|---|---|
| | 契約期間が３か月以内で、かつ、更新の定めがないもの | 不課税 |
| | 単発（１取引）の売買<br>（例）単発（１取引）の売買取引について、目的物の種類等を定めた契約書 | 不課税 |

　では、ある契約が請負契約になるのか売買契約になるのかはどのように判断すればよいのでしょうか。

　基本的には、請負と売買とは、前述の通り契約の目的が異なりますので、その契約の主たる目的が仕事の完成なのか（請負）、それとも目的物の所有権移転なのか（売買）により区別することになります。すなわち、契約当事者の意思が仕事の完成と財産権の移転のどちらに重きを置いているのかを文書の記載から客観的に判断する必要があります。

　とはいえ、実務上はその判断が難しいことも多々あります。そこで、印紙税法の基本通達（印基通2号文書の2）では、具体的な取扱いについて次のような基準で判断することとしています（次頁「表　請負契約か売買契約かの判断基準」）。

　先に例に挙げたイージーオーダーは、表のうち「製作者の材料を用いて注文者の設計又は指示した規格等に従い一定物品を製作することを内容とするもの」に該当するため、この契約全体が1個の請負契約に当たり、この契約にかかる文書は第2号文書に該当します。したがって、イージーオーダーでは生地の調達から仕立までの一切の費用が請負契約の対価となりますから、伝票等に「生地代7万円、お仕立代3万円」との記載がある場合でも、仕立代3万円ではなく生地代7万円と仕立代3万円の合計金額である10万円が記載金額となります。

表　請負契約か売買契約かの判断基準

| | 内　容 | 例 |
|---|---|---|
| 請負契約 | 注文者の指示に基づき一定の仕様又は規格等に従い、製作者の労務によって工作物を建設することを内容とするもの | ・家屋の建築<br>・道路の建設<br>・橋りょうの架設 |
| | 注文者が材料の全部又は主要部分を提供（有償、無償を問わない。）し、製作者がこれによって一定物品を製作することを内容とするもの | ・生地提供の洋服の仕立て<br>・材料支給による物品の製作 |
| | 製作者の材料を用いて注文者の設計又は指示した規格等に従い一定物品を製作することを内容とするもの | ・船舶、車両、機械、家具等の製作<br>・洋服等の仕立て |
| | 一定の物品を一定の場所に取り付けることによって所有権を移転することを内容とするもの | ・大型機械の取付け |
| | 修理又は加工することを内容とするもの | ・建物・機械の修繕、塗装 |
| 売買契約 | 一定の物品を一定の場所に取り付けることによって所有権を移転することを内容とするものであるが、取付行為が簡単であって、特別の技術を要しないもの | ・テレビを購入した時のアンテナの取付けや配線 |
| | 製作者が工作物をあらかじめ一定の規格で統一し、これにそれぞれの価格を付して注文を受け、当該規格に従い工作物を製作し、供給することを内容とするもの | ・建売住宅の供給（不動産の譲渡契約書） |
| | あらかじめ一定の規格で統一された物品を、注文に応じ製作者の材料を用いて製作し、供給することを内容とするもの | ・カタログ又は見本による機械、家具等の製作 |

（国税庁 HP 質疑応答事例 2 号文書の 2)

ウ　請負と売買の複合契約

　他方、イージーオーダーの例とは異なり、既製服を購入し寸法直しをしてもらう場合、既製服の購入は規格品の購入になりますので売買に、寸法直しは別途修理加工を内容とするので請負にそれぞれあたります。

つまり、売買契約と請負契約の複合契約になります。

　では、イージーオーダーが全体として請負契約になり、寸法直しを伴う既製服の購入が売買と請負の複合契約になる違いはどこにあるのでしょうか。その違いは、客観的な契約当事者の意思解釈の違いによると考えらます。イージーオーダーの場合に生地だけを購入して仕立ては依頼しないということは考えられません。イージーオーダーをした当事者の意思として、生地の購入＋仕立てということが前提となっていますので、生地の売買と仕立ての請負を別々に考えることは当事者の意思解釈に反することになります。したがって、イージーオーダーは全体として請負契約に該当することになります。他方、寸法直しを伴う既製服の購入の場合の寸法直しは、既製服の購入に際し、寸法直しが必要な購入者のみが寸法直しを依頼するのであり、既製服の購入と寸法直しは必ずしも一体ではありません。したがって、当事者の意思解釈としては、寸法直しは売買とは別の請負契約に該当すると考えることになります。印紙税実務で上記のような説明がされているわけではありませんが、このように考えれば両者の違いがわかるのではないかと思います。

　印紙税法では、1つの文書に課税事項とそうでない事項が記載されている場合、当該文書全体が課税文書に該当することになりますので、寸法直しを伴う既製服の購入にかかる文書は、第2号文書に該当することになります。したがって、イージーオーダーの場合も寸法直しを伴う既製服の購入の場合も請負に関する契約書（第2号文書）に該当することには変わりありませんが、複合契約の場合は、特に記載金額の表記の仕方について、注意が必要です。

　寸法直しを伴う既製服の購入の場合、伝票等に「スーツ代9万円、お直し代1万円」との記載がある場合は、お直し代1万円が記載金額となります。これは、寸法直し、すなわち請負の対価はお直し代の1万円であるためです。他方で、「スーツ代（お直し代含む）10万円」と記載す

るとスーツ代を含む10万円が記載金額になってしまいますので、その金額を明確に区別して記載する必要があります。

なお、紳士服等のイージーオーダーを1個の請負契約として取り扱い、寸法直しを伴う既製服等の発注を既製服の売買契約と寸法直しの請負契約の複合契約として取り扱うことは印紙税実務の通例となっていますが、その他取付工事を伴う機械の売買契約などでは、取付工事が簡単で特別の技術を要しないか否か、その費用が比較的多額か否か等で1個の売買契約と考えるのか、請負と売買の複合契約と考えるのかを判断することになります。

判断の手順としては、基本的には、まず、①ある契約が1個の契約か2個の契約かを判断して、次に、②1個の契約であれば請負と売買のどちらが主たる契約といえるかを判断し、2個の契約であれば記載金額の表記の問題を考えます。もっとも、ある契約が1個の契約か2個の契約かの判断（①）は、当該文書に記載されている文言を実質的に捉え、社会通念や客観的・常識的な判断に基づき、その内容を判断することになりますので事案によっては非常に難しい場合があります。その場合には、請負と売買のどちらが主たる契約であるかを先に判断し（②）、これが判断できる場合には請負又は売買の1個の契約、判断が難しい場合には2個の契約と判断せざるをえない場合もあります。

それでは、事例で考えてみましょう。

＜事例＞　1個の請負契約か、請負と売買の複合契約か

乙は、一定の規格で統一したシステムキッチンのカタログ販売を行っています。甲は乙からシステムキッチンを購入するとともにキッチンの取付工事と内装工事も乙に依頼することにしました。次の文書は、甲と乙がこの件に関して打合せをした際に確認のため作成した伝票です。この文書は課税文書に該当しますか。

平成30年6月1日
システムキッチン改装工事明細書

　甲と乙は、甲が乙から購入するキッチンのリフォーム工事に関して、次のとおり確認する。

　システムキッチン改装工事　総額　120万円

| キッチン本体価格 | 70万円 | A社製　品番〇〇〇〇<br>大理石カウンター、スライドドア、食器洗い乾燥機‥ |
| --- | --- | --- |
| 取付工事 | 30万円 | 解体処分工事、取付工事、水道工事、電気工事‥ |
| 内装工事 | 20万円 | フローリング張替え、壁・天井のクロス張替え‥ |

　　以上、確認します。　　　　　　　　　　　甲　印
　　　　　　　　　　　　　　　　　　　　　　乙　印

結論　第2号文書に該当します。

　印紙税法上の契約書とは、その名称のいかんを問わず、契約の成立等の事実を証明する目的で作成する文書をいいます（通則5）。この文書は「システムキッチン改装工事明細書」という標題ではあるものの、その記載内容はキッチンのリフォーム工事に関する契約の成立の事実を証明するものであり、印紙税法上の契約書にあたります。
　次に、この文書が印紙税法上の契約書にあたるとして、いくらの印紙を貼るべきでしょうか。前提として、この契約は取付・内装工事を含むもので、これらの工事は特別の技術を要するものなので、この文書は請負に関する契約書（第2号文書）にあたります。では、この契約は、キッチン本体の調達を含めた1個の請負契約、あるいは、キッチンの売買と工事請負の複合契約のどちらであると考えるべきでしょうか。前者の場

合、記載金額はキッチン本体と工事費用の合計額である120万円となり印紙税額は400円となりますが、後者の場合、記載金額は工事費用合計50万円、印紙税額は200円となります。

　この点、キッチンの購入に関しては、キッチン本体価格の欄に「A社製　品番〇〇〇〇」と規格品が指定されていることから乙がキッチンの製作から取付工事まで一貫して請け負っているものではないこと、「甲が乙から購入するキッチン」との記載、キッチン本体価格が工事費用とは別途記載されていること等から、客観的な当事者の意思解釈としては、キッチンの購入は改装工事に含まれるものではなく、独立した契約内容になっていると考えられます。

　よって、この契約はキッチン本体に関する売買と取付・内装工事に関する請負との複合契約にあたります。

　したがって、この事例では請負契約に関する取付工事と内装工事費用の合計50万円が記載金額となり、200円の印紙を貼る必要があります。仮に、「システムキッチン改装工事総額120万円」との記載のみで内訳が記載されていない場合は、総額120万円に応じた400円の印紙貼付が必要になります。

　なお、この事例のケースにおいて、仮にオーダーメードで甲の指示する仕様に基づいてシステムキッチンの製作及び取付工事まで行った場合には、システムキッチンの製作から取付工事まですべて含めて1個の請負契約になりますので、キッチン代金と工事費用を区分記載したとしても、キッチン工事総額120万円に応じた印紙貼付が必要になります。

　キッチン本体の価格と取付工事費の記載の方法によって、記載金額は次の通りになります。

| 契約の内容 | | キッチン代金・工事費の記載内容 | 記載金額 |
|---|---|---|---|
| 請負 | 注文者の指示する一定の仕様若しくは規格に従って物品を製作し又は注文者が材料を提供して一定の物品を製作する場合（オーダーメード） | 「システムキッチン改装工事総額120万円」と記載した場合 | 120万円 |
| | | 「キッチン本体価格70万円、取付工事30万円、内装工事20万円」と区分記載した場合 | 120万円 |
| 物品の売買と請負 | 一定の規格で統一した物品を注文に応じて製作者の材料を用いて製作又は購入し、一定の場所に取り付けることを内容とする場合等（本事例） | 「システムキッチン改装工事総額120万円」と記載した場合 | 120万円 |
| | | 「キッチン本体価格70万円、取付工事30万円、内装工事20万円」と区分記載した場合 | 50万円 |

### エ　請負と委任の区別

　請負と同じく第三者に業務を委託する点で請負との区別が難しい契約として委任があります。

　委任とは、当事者の一方が法律行為をすることを相手方に委託し、相手方がこれを承諾することによって効力を生ずる契約をいい（民法643）、法律行為ではない事務を委託する契約を準委任といいます（民法656）。ただ、印紙税法上は委任と準委任を区別する実益がないので、以下では両者を区別することなく「委任」といいます。委任の典型例としては、弁護士との顧問契約や医師との診療契約等が挙げられます。

　請負も委任も、ともに役務を提供して業務を行い、委託者の指揮命令を受けないという点で共通していますが、その違いは、請負が仕事の完成を契約の目的としているのに対し、委任は事務を処理すること自体が契約の目的とされている点にあります。

　印紙税との関係では、ある文書が請負に該当すれば、請負に関する契約書（第２号文書）や請負の継続的取引の基本となる契約書（第７号文書）として印紙税の課税対象となるのに対し、委任に該当すれば、売買の委託等、継続的取引の基本となる契約書（第７号文書）に該当するも

の以外は不課税となりますのでその区別が重要です。

　ところが、ある契約の目的が、仕事の完成なのか事務処理そのものなのかの判断はなかなか難しいものです。契約内容を精査して請負か委任かを判断する必要があります。

　なお、一般に、委託者が受託者の専門的知識、経験、技術等を信頼して何らかの事務処理を委託する契約は、専門的知識、経験、技術等を有する受託者が事務処理を行うこと自体を目的とする契約（委任）であることが多いと考えられますが、印紙税法基本通達では、公認会計士と被監査法人との間において作成する監査契約書は、請負に関する契約書として取り扱うこととされています（印基通2号文書の14）ので注意が必要です。また、税理士委嘱契約書は、委任に関する契約書に該当するものとされていますが、税務書類等の作成を目的とし、これに対して一定の金額を支払うことを約した契約書は請負に関する契約書に該当するものとされています（印基通2号文書の17）。

＜事例＞　不動産鑑定業者が行う価格等調査業務の「依頼書兼承諾書」
　不動産鑑定士が行う価格等調査業務に関し、不動産鑑定士が所属する不動産鑑定業者と委託者との間で交わす「価格等調査業務依頼書兼承諾書」は、請負に関する契約書に該当するでしょうか。なお、「価格等調査業務依頼書兼承諾書」が引用する「価格等調査業務標準委託約款」の第10条には、「本件業務は、乙が甲に対して、鑑定評価書等の成果報告書を交付することにより完了する。」と定められています。

## 価格等調査業務依頼書兼承諾書

（受託者）　　乙　　様

　価格等調査業務標準委託約款に基づき、下記のとおり価格等調査業務を依頼します。

平成 30 年 3 月 20 日
（委託者）　　甲　　印

記

1. 業務の種類　　　　　□鑑定評価基準に則った鑑定評価
　　　　　　　　　　　　□鑑定評価基準に則らない価格等調査
2. 対象不動産の概要　　・・・
3. 業務の目的と範囲等の確定　・・・
4. 再委託　・・・
5. 業務納期　・・・
6. 委託報酬　・・・
7. 支払方法　・・・
8. 発行部数　・・・
9. 特記事項　・・・
〰〰〰〰〰〰〰〰〰〰〰〰〰〰〰〰〰〰〰〰〰〰〰〰〰〰
〰〰〰〰〰

　上記のとおり、承諾致します。
　なお、業務開始時において、提供された資料、現地調査等の結果により、業務の種類の変更、業務納期の延長又は報酬の変更の可能性があることを予め了承願います。

平成 30 年 4 月 1 日
（受託者）　　乙　　印

結論　請負に関する契約書にはあたりません。

　まず、印紙税法上の契約書とは、その名称のいかんを問わず、契約の成立等の事実を証明する目的で作成する文書をいいます（通則5）。ここで、事例の文書は「価格等調査業務依頼書兼承諾書」という標題ではあるものの、その記載内容は価格等調査業務の委託契約の成立の事実を証明するものであり、印紙税法上の契約書にあたります。

　次に、この文書が請負に関する契約書に該当するか否かですが、結論としては、この文書は委任契約書に該当し、請負に関する契約書には該当しません。

　この点、この文書が引用する「価格等調査業務標準委託約款」には、鑑定評価書等の成果報告書を交付することにより業務が完了すると定められていることからすると、この文書によって成立が証明される価格等調査業務の委託契約というのは、鑑定評価書等の成果報告書を作成するという仕事の完成を目的とする契約（請負）ではないかと思われるかもしれません。

　しかしながら、委任であっても、受任者の報告義務（民法645）の一環として報告書の交付が義務付けられることはありますので、報告書の交付が義務付けられているからといって、その契約が直ちに請負であるということにはなりません。

　そして、価格等調査業務において、受託者は、不動産鑑定士の専門的知識や経験に基づき不動産の適正な価格等を評価する義務を負っているだけで、予め特定された価格等を提示する義務を負っている訳ではありませんので、価格等調査業務の委託契約は、不動産の適正な価格等の評価という「事務処理」を目的とする契約（委任）であって、「仕事の完成」を目的とする契約（請負）ではないと考えられます。

　したがって、この文書は請負に関する契約書には該当しません。

オ　職業野球の選手、映画の俳優等の役務の提供契約

　第2号文書の「請負」には、職業野球の選手、映画の俳優その他これらに類するもので政令で定めるものの役務の提供を約することを内容とする契約を含むものとされています（別表第一課税物件表2号文書の定義欄1）。そして、これを受けた政令では、この定義欄に該当する一定の者を定めています（印令21①）。

　これは、例えば、職業野球の選手等が職業野球の選手等としてその所属球団と締結する契約は、請負、雇用、委任等の要素が混合された一種の無名契約となり、その取扱いが個々にわたることが予想されることから、これらの契約をすべて請負契約として取扱うことを定めたものです。

　課税物件表の定義欄と施行令で定められた者の具体的範囲は次頁の通りです（別表第一課税物件表2号文書の定義欄1、印令21①、印基通2号文書の3～10）。

　このように次頁の表に掲げる者が取り交わす役務提供契約は、請負として取扱われることになりますが、このような取扱いはあくまでもその者がそのような職業に就く者として役務提供をする場合に限定されています（印令21②、印基通2号文書の11）。

　例えば、職業野球の選手がその所属球団と結ぶ専属契約は、その者が職業野球の選手として役務提供を行うことを約するものですから、それが本来的には委任契約に該当する場合でも第2号文書に該当することになります。他方で、職業野球の選手が職業野球の選手としてではなく、単に個人として役務提供を行うことを約するにすぎない場合には、上記の取扱いを理由に請負として取扱われることはありません。もっとも、職業野球の選手が映画出演契約を結ぶ場合のように、職業野球の選手が職業野球の選手として役務提供を行うことを約する契約ではなくても、その契約の内容により個別的に請負に該当することがあるので注意が必要です（印基通2号文書の11）。

| 1 | 職業野球の選手 | いわゆる一軍、二軍の別を問わず、監督、コーチ及びトレーナーを含めた職業野球の選手をいう。 |
|---|---|---|
| 2 | プロボクサー | （通達なし） |
| 3 | プロレスラー | （通達なし） |
| 4 | 映画の俳優、演劇の俳優 | 映画、舞台等に出演し、演技を行う芸能者をいう。 |
| 5 | 音楽家 | 広く洋楽、邦楽、民謡、歌謡、雅楽、歌劇等の音楽を作曲、演奏、謡歌する者をいう。具体的には作曲家、演奏家（指揮者を含む。）、声楽家（歌手を含む。）等をいい、浪曲師、漫才師を含まない。 |
| 6 | 舞踊家 | 洋舞（ダンスを含む。）、邦舞、民族舞踊、宗教舞踊等をする者をいい、能役者を含み、歌舞伎役者を含まない。 |
| 7 | 映画又は演劇の監督、演出家又はプロデューサー | 広く映画、演劇上の指導又は監督を行う者、映画又は演劇の俳優の演技、衣装、ふん装、装置、照明プラン、音楽等を組織する者又は映画、演劇の企画、製作をする者をいう。 |
| 8 | テレビジョン放送の演技者 | いわゆるテレビタレント等テレビジョン放送に出演することを主たる業とする者のみでなく、広くテレビジョン放送を通じて演技を行う者をいう。したがって、映画又は演劇の俳優、落語家、歌手、舞踊家、楽士、講談師、浪曲師等の通常演技を行う者がテレビジョン放送を通じて演技を行う場合も、これに含む。 |
| 9 | テレビジョン放送の演出家又はプロデューサー | 広くテレビジョン放送の俳優の演技、衣装、ふん装、装置、照明プラン、音楽等を組織するテレビディレクター又はテレビジョン放送の企画、製作をする者をいう。 |

また、別表第一課税物件表2号文書の定義欄にも印紙税法施行令第21条にも定めがないような、例えばプロサッカー選手が選手として役務の提供を約することを内容とする契約も当然には第2号文書には該当しません。

## (2) 課税標準及び税率

　第2号文書に該当すると、記載された契約金額に応じて印紙税額が決まります。印紙税額は以下の通りです。

```
＜課税標準及び税率＞
1　契約金額の記載のある契約書　次に掲げる契約金額の区分に応
　じ、1通につき、次に掲げる税率とする。
　　100万円以下のもの                          200円
　　100万円を超え200万円以下のもの             400円
　　200万円を超え300万円以下のもの             1千円
　　300万円を超え500万円以下のもの             2千円
　　500万円を超え1千万円以下のもの             1万円
　　1千万円を超え5千万円以下のもの             2万円
　　5千万円を超え1億円以下のもの               6万円
　　1億円を超え5億円以下のもの                 10万円
　　5億円を超え10億円以下のもの                20万円
　　10億円を超え50億円以下のもの               40万円
　　50億円を超えるもの                          60万円
2　契約金額の記載のない契約書　　1通につき　　200円
```

## (3) 建築工事請負契約書の印紙税の軽減措置

　建築工事請負契約書については、平成9年度の税制改正において、租税特別措置法の一部が改正され、建築工事の請負に伴って作成される請負契約書について、印紙税の税率の軽減措置が講じられ（租特法91）、

平成25年の税制改正において印紙税の税率の軽減措置が拡充されています（不動産の譲渡に関する契約書についても軽減されています）。

軽減措置の対象となる請負に関する契約書とは、建設業法第2条第1項に規定する建設工事の請負に係る契約に基づき作成されるものをいいます。なお、これらの契約書に該当するものであれば、建設請負の当初に作成される契約書のほか、工事金額の変更や工事請負内容の追加等の際に作成される変更契約書や補充契約書等についても軽減措置の対象になります。

【軽減後の税率】

| 記載された契約金額 | H9.4.1～H26.3.31 | H26.4.1～H32.3.31 |
| --- | --- | --- |
| 100万円を超え200万円以下のもの |  | 200円 |
| 200万円を超え300万円以下のもの |  | 500円 |
| 300万円を超え500万円以下のもの |  | 1千円 |
| 500万円を超え1千万円以下のもの |  | 5千円 |
| 1千万円を超え5千万円以下のもの | 1万5千円 | 1万円 |
| 5千万円を超え1億円以下のもの | 4万5千円 | 3万円 |
| 1億円を超え5億円以下のもの | 8万円 | 6万円 |
| 5億円を超え10億円以下のもの | 18万円 | 16万円 |
| 10億円を超え50億円以下のもの | 36万円 | 32万円 |
| 50億円を超えるもの | 54万円 | 48万円 |

## （4）非課税物件

契約金額の記載のある契約書（通則3イの規定が適用されることによりこの号に掲げる文書となるものを除く。）のうち、当該契約金額が1万円未満のものは、非課税となります。

## (5) 事例検討
### ア 工事監理業務委託契約書

甲は、宅地造成又は住宅建築の際の監理業務を、造成や建築の請負者ではない第三者乙に委託しており、その際、次のような契約書を作成しています。この契約書は請負に関する契約書にあたるでしょうか。

---

工事監理業務委託契約書

委託者甲と受託者乙は、以下のとおり業務委託契約を締結する。

1．件名　　　　　　　鳥飼マンション工事監理業務委託
2．場所　　　　　　　東京都千代田区神田小川町
3．委託料　　　　　　〇〇〇〇円
4．設計の一部委託　　甲は乙に対し、宅地造成又は住宅建築に必要な設計図書等の作成を委託し、その報酬については別途定めるものとする
5．業務報告　　　　　乙は甲に対し、本件業務が完了したときは業務完了報告を行なうものとする

平成30年4月1日

　　　　　　　　　　　　　　　　　　　　　　甲　印
　　　　　　　　　　　　　　　　　　　　　　乙　印

---

結論　第2号文書に該当します。

工事監理業務というのは、設計図書と照合して工事が設計図書どおりに実施されているかどうかを確認する業務です。そして、工事管理業務の受託者は、その専門的知識や経験に基づき工事が設計図書どおりに実施されているかどうかを確認する義務を負っているだけで、設計図書ど

おりに工事を完成させる義務を負っている訳ではありません。したがって、工事管理業務の委託契約は、工事が設計図書どおりに実施されているかどうかの確認という事務処理を目的とする契約（委任）であって、仕事の完成を目的とする契約（請負）ではないと考えられます。

　もっとも、事例の契約書では、「4. 設計の一部委託」により、宅地造成又は住宅建築に必要な設計図書等の作成を委託し、対価を得てその設計図書の完成を約していますので、この点は請負に関する契約書に該当します。

　そして、印紙税は、文書の標題からすると不課税になりそうな場合であっても、その内容に課税事項の記載があれば、その文書全体が課税文書に該当することになります。したがって、事例の契約書において、工事監理に関する部分は不課税の委任契約にあたりますが、その一部で設計図書作成という請負に関する契約の成立の事実を証明していますので、請負に関する契約書（第2号文書）に該当します。

　記載金額はありませんので、印紙税額は200円です。

イ　ホテル、旅館等の宿泊申込請書、受付通知書等

　次の文書はいずれもABCグランドホテルが顧客から宿泊の申込みを受けた際に、必要事項と申込みを受けた旨を記載して顧客に交付しているものです。課税文書に該当しますか。

## その1　宿泊申込請書

<table>
<tr><td colspan="5" align="center">宿　泊　申　込　請　書</td></tr>
<tr><td>お名前</td><td colspan="4">印紙　太郎　様</td></tr>
<tr><td>月　日</td><td colspan="4">2018年　8月　11　日より　1泊</td></tr>
<tr><td>お人数</td><td>3名</td><td>男　1名</td><td>女　1名</td><td>子供　1名</td></tr>
<tr><td>単　価</td><td>大人（1泊2食）<br>¥30,000<br>子供（1泊2食）<br>¥15,000</td><td>合計<br>¥75,000</td><td>食事</td><td>朝・夕</td></tr>
<tr><td>チェックイン</td><td colspan="4">16時　30分　　（　自家用車　）</td></tr>
</table>

2018年6月15日
　上記のとおり、確かにお引き受けいたしました。
　なお、ご予約内容にご変更がございましたら、速やかにご連絡くださいますようお願い申し上げます。

　　　　　　　　　　　　　　　　　　　　　　　　　ABCグランドホテル

## その2　受付通知書

<table>
<tr><td colspan="5" align="center">受　付　通　知　書</td></tr>
<tr><td>お名前</td><td colspan="4">印紙　太郎　様</td></tr>
<tr><td>月　日</td><td colspan="4">2018年　8月　11　日より　1泊</td></tr>
<tr><td>お人数</td><td>3名</td><td>男　1名</td><td>女　1名</td><td>子供　1名</td></tr>
<tr><td>単　価</td><td>大人（1泊2食）<br>¥30,000<br>子供（1泊2食）<br>¥15,000</td><td>合計<br>¥75,000</td><td>食事</td><td>朝・夕</td></tr>
<tr><td>チェックイン</td><td colspan="4">16時　30分　　（　自家用車　）</td></tr>
</table>

2018年6月15日
　上記のとおり、確かにお引き受けいたしました。
　なお、ご予約内容にご変更がございましたら、速やかにご連絡くださいますようお願い申し上げます。

　　　　　　　　　　　　　　　　　　　　　　　　　ABCグランドホテル

その3　ご案内書

| ご　案　内　書 |||||
|---|---|---|---|---|
| お名前 | 印紙　太郎　様 |||||
| 月　日 | 2018年　8月　11日より　1泊 |||||
| お人数 | 3名 | 男　1名 | 女　1名 | 子供　1名 |
| 単　価 | 大人（1泊2食）<br>￥30,000<br>子供（1泊2食）<br>￥15,000 | 合計<br>￥75,000 | 食事 | 朝・夕 |
| チェックイン | 16時　30分　　（　自家用車　） |||||

上記のとおり、準備相整え、お待ち申し上げております。

2018年　8月　1日

　　　　　　　　　　　　　　　　　　　　ABCグランドホテル

結論　その1　第2号文書に該当します。
　　　その2　第2号文書に該当します。
　　　その3　課税文書には該当しません。

　その1のような「宿泊申込請書」については、印紙税法基本通達第2号文書の16に規定があり、旅館業者等が顧客から申込みを受けた場合に、宿泊年月日、人員、宿泊料金等を記載し、当該申込みを引き受けた旨を記載して顧客に交付する宿泊申込請書等は、第2号文書（請負に関する契約書）として取り扱うものとされています。印紙税実務では、宿泊契約は、旅館業者等が宿泊者に対し、宿泊に関する様々な役務を提供し、宿泊者を宿泊させるという仕事の完成に対して宿泊者が宿泊料を支払う請負契約であると考えられています。そして、上記の通達が「宿泊申込請書」を第2号文書として取り扱うこととしている趣旨は、宿泊契約を請負契約と解する印紙税実務の解釈に加え、「宿泊申込請書」は契

約当事者の一方が作成する文書ではありますが、宿泊者を宿泊させる債務を負う旅館業者等がその債務を引き受けた旨を記載し、宿泊予定者に交付する文書なので、請負契約の成立を証する文書と解釈されていることによります。

　その1の文書の題名はまさに上記の通達と同じ「宿泊申込請書」であり、その記載事項には宿泊年月日、人員、宿泊料金等があり、「上記のとおり、確かにお引き受けいたしました」と宿泊の申込みを引き受けた旨の記載もあります。

　したがって、その1の文書は第2号文書に該当し、記載金額75,000円に応じた200円の印紙税が課されます。

　他方、その2の「受付通知書」やその3の「ご案内書」も、宿泊年月日、人員、宿泊料金等が記載されている点はその1と同じです。もっとも、課税文書に該当するか否かは契約の成立等を証明する目的で作成された文書か否かを文書ごとに判断することになりますので、宿泊年月日、人員、宿泊料金等が記載されている点が同じでも契約の成立等を証明する目的で作成された文書でなければ、課税文書には該当しません。

　この点、その2の「受付通知書」には、「上記のとおり、確かにお引き受けいたしました」の記載があるため、宿泊契約の成立を証明する目的で作成された文書と判断され、その1同様、第2号文書に該当します。

　その3の「ご案内書」には、「上記のとおり、準備相整え、お待ち申し上げております」との記載があるのみで、その他契約の成立を証明するような記載がありません。したがって、その3の文書は、単なる案内を目的とする文書といえ、課税文書には該当しません（印基通2号文書の16）。

## ウ　ソフトウェア保守契約書

次の「ソフトウェア保守契約書」は、B株式会社（乙）がA株式会社（甲）に提供したソフトウェアの保守に関する契約書です。課税文書に該当しますか。

---

ソフトウェア保守契約書

A株式会社（以下甲という。）とB株式会社（以下乙という。）とは、平成30年4月1日甲乙間で締結したソフトウェア使用許諾契約に基づき、乙が提供したソフトウェアの保守サービスを行うことに関し次のとおり契約を締結する。

第1条（対象ソフトウェア）
　本契約の対象ソフトウェアは、平成30年4月1日甲乙間で締結したソフトウェア使用許諾契約に基づき乙が提供したソフトウェア（以下本ソフトウェアという。）を指す。

第2条（保守サービスの範囲）
　（1）本ソフトウェア及びその修正版、改良版に発見された瑕疵の修補
　（2）本ソフトウェア及びその修正版、改良版の不稼働又は稼働不良に対する措置
　（3）本ソフトウェアの運用又は仕様に関する技術情報の提供
　（4）本ソフトウェアの修正また改良に関する技術情報の提供

第3条（保守料金）
　本契約の料金は、ひと月あたり5万円とし、毎月10日限り、乙の指定する口座に前月分の報酬を支払う。

第4条（契約期間）
　本契約締結日より1年間とする。

（中略）

平成30年4月1日

　　　　　　　　　　　　　　　　甲　A株式会社　印
　　　　　　　　　　　　　　　　乙　B株式会社　印

結論　第2号文書に該当します。

　この文書は、B株式会社(乙)がA株式会社(甲)に提供したソフトウェアの保守に関する契約書ですが、ソフトウェアの保守には、様々な業務が想定されます。
　例えば、事例の「本ソフトウェア及びその修正版、改良版に発見された瑕疵の修補」、「本ソフトウェア及びその修正版、改良版の不稼働又は稼働不良に対する措置」はソフトウェアの瑕疵や不稼働、稼働不良を修正し、ソフトウェアが正常に作動するように保守することを内容とするものなので、請負にあたります。他方、「本ソフトウェアの運用又は仕様に関する技術情報の提供」や「本ソフトウェアの修正また改良に関する技術情報の提供」は単なる情報提供であって、仕事の完成を約するものではありませんので、請負にはあたりません。
　なお、使用許諾したソフトウェアに瑕疵があった場合や不稼動又は稼動不良に陥った場合、いかなる瑕疵等についても、許諾者側が修補等する義務を負うのかどうかについては、ケースバイケースで判断せざるを得ないと思われますが、有料で修補等するという約定を結べば、請負と判定される可能性が高いと思われます。
　印紙税法では、1つの文書に課税事項とそうでない事項が記載されている場合、当該文書全体が課税文書に該当することになりますので、この文書は請負に関する契約書に該当することになります。
　また、この文書は営業者間の契約期間1年間の契約になりますので、第7号文書にも該当します。ある文書が第1号文書又は第2号文書と第7号文書に該当する場合は、次のような基準で所属の決定を行います。この基準は、所属の決定に関する法令・通達の定めをわかりやすくまとめたものです（通則3イ、印基通11①(1)(2)(3)）。

> ア 契約金額の記載のあるものは、第1号文書又は第2文書になる。
> イ 契約金額の記載のないものは、第7号文書になる。

事例の文書は、ひと月あたり単価5万円に契約期間の12か月（1年間）を乗じることで契約金額が計算できます（通則4ホ(1)、印基通24(6)、25①）。したがって、契約金額の記載のあるため第2号文書に所属が決定します。記載金額は60万円で印紙税額は200円です。

なお、ソフトウェア保守契約書（プログラム保守契約書）に関する印紙税の取扱いはおおむね次の通りとされています（『実務印紙税』183頁）。

| No | 保守契約の例 | | 課否判定 | 理由 |
|---|---|---|---|---|
| 1 | プログラムのバージョンアップ情報の提供 | | 不課税 | 単なる情報提供の契約 |
| 2 | プログラムの機能を改良（バージョンアップ）した場合、最新版（バージョンアップソフトウェア）を提供（必ず年1回以上行うという場合もある） | 新バージョンのプログラムの有償提供 | 不課税 | 売買に関する契約 |
| | | 複数回のバージョンアップが義務付けられている場合で営業者間で締結されている場合 | 第7号文書 | 営業者間においてプログラムの複製物の売買に関する2以上の取引に共通する目的物について定められたものと認められる |
| 3 | プログラムの更新に伴うユーザーズマニュアルの更新版を提供 | マニュアルの更新版の有償提供 | 不課税 | 売買に関する契約 |
| | | 複数回の更新マニュアルの提供が義務付けられている場合で営業者間で締結されている場合 | 第7号文書 | 営業者間において売買に関する2以上の取引を継続して行うため作成される契約書で、2以上の取引に共通する目的物について定められたものと認められる |
| 4 | マニュアルにしたがって適正に稼働しない場合、プログラムの修正又は代替措置を行う | | 第2号文書 | プログラムの修正又は代替措置の実施によりプログラムを適正に稼働させるという仕事の完成と保守料金の支払の間に対価関係があることから請負に関する契約 |

| | | | | |
|---|---|---|---|---|
| 5 | 使用者から通知のあったプログラムの瑕疵を速やかに修理補修する | | 第2号文書 | プログラムの瑕疵を修理補修することによりプログラムを適正に稼働させるという仕事の完成と保守料金の支払との間に対価関係があることから請負に関する契約 |
| 6 | 使用者が発見したプログラムの誤りの訂正、又は誤りを回避してプログラムを動作させる手段を記述したエラーレポートを提供（年1回以上行うという義務規定の場合もある） | 仕事の完成に対して報酬が支払われることとされている場合 | 第2号文書 | 仕事の完成に対して報酬が支払われることから請負に関する契約 |
| | | 売買又は情報提供と認められる場合 | 不課税 | 売買に関する契約又は情報提供に関する契約 |
| 7 | プログラムの誤りの修正又は誤りを回避してプログラムを作動させる手段について努力する（ただし保証はしない） | | 不課税 | 受託者側の努力目標を定めたものにすぎない |
| 8 | プログラムに関する質問、問い合わせへの電話、FAX等による回答 | | 不課税 | サポート要員を確保してコンサルティング業務を行うことは委任契約 |
| 9 | プログラムの使用上発生した問題を解決するための技術的相談に応じる（一定時間内） | | 不課税 | サポート要員を確保してコンサルティング業務を行うことは委任契約 |
| 10 | プログラム使用方法についての電話による応答又は保守サービス員の派遣による指導の実施 | | 不課税 | サポート要員を確保してコンサルティング業務を行うことは委任契約 |

　上記1から10については、保守契約の例として、それぞれ個別に契約書が作成された場合として例示しているものであり、これらの例のいくつかを組み合わせた内容のものについては、当然その文書の内容に基づき課否判断を行うことになります。

エ 事務委託契約書

次の「事務委託契約書」は、A株式会社(甲)がB株式会社(乙)に対し、自社の業務に関する事務を委託する旨の契約書です。課税文書に該当しますか。

---

事務委託契約書

A株式会社(以下甲という。)とB株式会社(以下乙という。)とは、以下の事務の委託に関し、次のとおり契約を締結する。

第1条(契約の内容)
　委託事務の内容は以下のとおりとする。
　(1) 会計帳簿の作成、整理、保管に関する事項
　(2) 金銭の出納に関する事項
　(3) 決算に関する事項
　(4) その他、上記に関連し甲乙協議の上定めた事項

第2条(担当者)
　乙は、甲の委託事務を処理するにあたり、甲と事前協議し甲の同意を得たうえで、乙の従業員の中から事務担当者を選出し、委託事務に従事させる。

第3条(報酬)
　甲は、乙に対し、本契約における委託事務の報酬として、ひと月あたり5万円とし、毎月10日限り、乙の指定する口座に前月分の報酬を支払う。

第4条(契約期間)
　本契約の有効期間は、本契約締結の日から1年とする。ただし、期間満了の日から3か月前までに甲乙いずれから何ら申し出のない場合は、同一条件をもってさらに1年延長されるものとし、以後も同様とする。
(中略)

平成30年9月1日

　　　　　　　　　　　　　　　　　甲　A株式会社　印
　　　　　　　　　　　　　　　　　乙　B株式会社　印

結論　第2号文書に該当します。

　この文書は、A株式会社（甲）がB株式会社（乙）に対し、自社の業務に関する事務を委託する旨の契約書ですが、委託される事務内容として様々なものが想定されます。

　問題は、委託される業務が請負に該当するのか委任に該当するのかという点ですが、基本的には、契約書の記載内容をもとに判断をし、契約書の記載のみでは不明瞭な場合には個々の実態等を考慮して判断をすることになります。

　この事例の委託業務内容を見ると、「会計帳簿の作成、整理、保管に関する事項」、「金銭の出納に関する事項」、「決算に関する事項」等、仕事の内容がある程度特定されていて、乙の処理に委ねられている点は少ないと考えられること、また「会計帳簿の作成」が業務内容にあることから対価を得て一定の文書を作成することを定める内容とも考えられることから、この文書は請負に関する契約書に該当するものと考えられます。

　また、この文書は営業者間の契約期間1年間の契約になりますので、第7号文書にも該当しますが、ひと月あたり単価5万円に契約期間の12か月（1年間）を乗じることで契約金額が計算できます（通則4ホ(1)、印基通24(6)、25①）ので、第2号文書に所属が決定します。記載金額は60万円で印紙税額は200円です。

オ　修理承り票、お預り証

　次の伝票は、靴の修理依頼を受けた靴屋がその依頼者に交付する文書です。課税文書に該当しますか。

## その1　修理承り票

**修理承り票**

| 受付 | 2018 年 4 月 20 日　　　　　伝票No.○○○○ |
|---|---|
| お名前 | 印紙　税子　様 |
| ご住所 | 東京都千代田区神田○○○ 1-2-3 |
| TEL | 090 － ○○○○ － ○○○○ |
| 承り内容 | 靴全体のクリーニング、ソール張替え、ヒールお直し |
| お預り品 | 茶、ロングブーツ |
| 完成予定日 | 2018 年 4 月 30 日 |

修理が完了しましたら頂いたお電話番号にご連絡をいたします。

　　　　　　　　　　　　　　　　123 靴工房　神田支店
　　　　　　　　　　　　　　　　東京都千代田区神田○○○ 1-4-5
　　　　　　　　　　　　　　　　TEL　03 － ○○○○ － ○○○○

## その2　お預り証

**お　預　り　証**

| 受付 | 2018 年 4 月 20 日　　　　　伝票No.○○○○ |
|---|---|
| お名前 | 印紙　税子　様 |
| ご住所 | 東京都千代田区神田○○○ 1-2-3 |
| TEL | 090 － ○○○○ － ○○○○ |
| お預り品 | 茶、ロングブーツ |
| お渡し予定日 | 2018 年 4 月 30 日 |

　　　　　　　　　　　　　　　　123 靴工房　神田支店
　　　　　　　　　　　　　　　　東京都千代田区神田○○○ 1-4-5
　　　　　　　　　　　　　　　　TEL　03 － ○○○○ － ○○○○

結論　その1　第2号文書に該当します。
　　　その2　課税文書には該当しません。

　その1の文書は、「修理承り票」の標題で靴の修理を受けた靴屋がその依頼者に交付する文書です。印紙税法上の契約書とは、その名称のいかんを問わず、契約の成立等の事実を証明する目的で作成する文書をいうところ（通則5）、その1の文書は、修理を承る旨を示す「修理承り票」という標題であり、その記載内容としても「承り内容」として修理加工箇所及びその内容の記載があり、また文末にも「修理が完了しましたら」との記載があることから、靴の修理に関する契約の成立の事実を証明するものといえます。したがって、その1は、請負に関する契約書（第2号文書）にあたり、契約金額の記載がないため、印紙税額は200円になります。

　なお、その1の文書に、仮に1万円未満の契約金額の記載がある場合には、非課税物件に該当し、印紙を貼る必要はありません。

　他方、その2の文書の標題は「お預り証」であり、その記載内容にも修理や加工等請負契約に関する内容は記載されていません。したがって、その2の文書は課税文書には該当しません。

　このように物品の修理・加工依頼を受けた際に交付する文書には、承り票、引受票、修理票、引換証、預り証、受取書、整理券等様々な名称のものがありますが、物品の受領事実のみが記載されている物品受領書や単なる整理券等に該当するものを除いて、第2号文書（請負に関する契約書）に該当することになります。

　なお、具体的な扱いについては次の通りです（『実務印紙税』186〜187頁）。

| 区分（文書の内容等） | | 備考 |
|---|---|---|
| 第2号文書に該当 | 承り票、引受票と称するもの又は受託文言の記載のあるもの | 標題、記載内容から請負契約の成立を証明するものになりますので、第2号文書に該当します。 |
| | 修理票、引換証、預り証、受取書、整理券等と称するもので、仕事の内容（修理、加工箇所、方法等）、契約金額、期日又は期限のいずれか1以上の事項の記載のあるもの<br>（注）出来上り予定日は、期日又は期限として取り扱いません。 | |
| 非課税文書に該当 | 課税されるものに該当するものであっても記載金額が1万円未満のもの<br>（注）1　実際の修理・加工金額が1万円未満であっても文書に金額の記載のないものは、記載金額のないものとして課税文書になります。<br>　　　2　記載金額（契約金額）1万円未満と記載されているものは、記載金額になります。 | 印紙税法の規定で1万円未満のものは非課税になります（別表第一課税物件表2号文書の非課税物件欄）。 |
| 不課税文書に該当 | 修理票、引換証、預り証、受取書、整理券等と称するもので、仕事の内容（修理、加工箇所、方法等）、契約金額、期日又は期限の記載のないもの | 物品受領書又は単なる整理券として不課税文書になります。 |
| | 保証期間中の修理等無償契約である場合において、文書上その旨が明らかにされているもの | 仕事の完成に対して、報酬が支払われませんので、請負契約にはなりません。 |

## 3 第3号文書
　「約束手形又は為替手形」

### (1) 第3号文書の意義及び範囲

　「約束手形又は為替手形」とは、手形法の規定により約束手形又は為替手形たる効力を有する証券をいいます（印基通3号文書の1）。約束手形とは、振出人が受取人に対して、一定の期日（満期日）に一定の金額を受取人又はその指図人若しくは手形所持人に無条件で支払うことを約束して振り出す手形です。為替手形とは、振出人（発行者）が第三者（支払人）にあてて一定の金額を受取人又はその指図人に支払うべきことを委託する手形です。

　約束手形及び為替手形はいずれも、財産的価値ある権利を表彰する証券であって、その権利の移転、行使が証券をもってなされることを要するものなので、有価証券にあたります（印基通60）。

### (2) 白地手形

　白地手形とは、振出人又はその他の手形当事者が、後に他人に補充させる意思をもって、手形の記載要件（金額、満期、受取人等手形法により定められています。）を未確定のまま振り出した手形をいいます。

　このような白地手形も、「手形金額の記載のない手形」を除いて、課税文書に含まれます（印基通3号文書の1、4）。

### (3) 課税標準及び税率

　第3号文書に該当すると、一覧払の手形、日本銀行又は銀行その他政令で定める金融機関を振出人及び受取人とする手形、外国通貨により手形金額が表示される手形等については一律1通につき200円、それ以外の手形は手形金額の区分に応じた階級定額税率（200円～20万円）の印紙税が課されます。

## (4) 非課税物件

次の手形は非課税物件とされています。

① 手形金額が10万円未満の手形

② 手形金額の記載のない手形

ただし、その手形に金額が記入された場合には課税文書となります。すなわち、手形に金額を記入した場合、記入した者が、その記入時に約束手形又は為替手形を作成したものとみなされ、その記載金額に応じた印紙税を納付する必要があります（印法4①、印基通3号文書の4）。

③ 手形の複本又は謄本

### 【コラム】約束手形

　約束手形は第3号文書であり、手形金額により印紙税額は変わります。例えば、手形金額1億円なら2万円が印紙税額になります。大量に決済を行う会社にとっては軽視できない金額になります。手形の流通量は、2016年の手形交換金額はピークの1990年に比較して約10分の1に激減していますが、いまだ中小企業の決済手段としては生き残っており、交換高は424兆円あります（東京商工リサーチ調べ）。手形交換が決済手段として使われなくなった理由としては、低金利ないしゼロ金利環境で手形振出しによるファイナンスメリットがなくなってきたこと、言い換えれば振込による現金決済で十分なことが挙げられます。電子債権による決済が浸透してきたこと、手形という有価物の管理が面倒でリスクが高いこと等も挙げられます。しかし、重要なのは、やはり印紙税の負担回避にあるように思います。手形交換の仲介役たる銀行も負担とリスクばかり多い手形という現物によるアナログな決済には、背を向けつつあります。全国にある手形交換所も徐々にその数を減らしています。銀行員にとって手形交換事務は気を抜けないリスキーな事務であり、万一事務過誤があるとまずは自行の手形交換課、そこでも見過ごされると手形交換所から、お目玉を頂戴したものです。銀行にとって金利の高い市場環境の時代、手形の決済勘定たるゼロ金利の当座預金残高を維持確保するための、必要悪として手形交換事務があったのですが、ゼロ金利の今、預金残高があっても負担になるだけで全く儲けの手段になりません。その意味もあって、なるべく早く完全に廃止したいと考えるのが実情ではないかと思います。

## 4 第4号文書
「株券、出資証券若しくは社債券又は投資信託、貸付信託、特定目的信託若しくは受益証券発行信託の受益証券」

### (1) 第4号文書の意義及び範囲

#### ア 株券

「株券」とは、株式会社の株主たる地位若しくは株主権を表彰した有価証券をいいます。

株券は、会社の新設や増資、株式の分割や併合の際に発行されますが、現在の会社法では株券不発行が原則とされています（会社法214）。

#### イ 出資証券

「出資証券」とは、相互会社の作成する基金証券及び法人の社員又は出資者たる地位を証する文書（投資信託及び投資法人に関する法律に規定する投資証券を含みます。）をいいます（別表第一課税物件表4号文書の定義欄1）。たとえば、合名会社の出資証券、合資会社の出資証券、合同会社の出資証券が含まれます。

#### ウ 社債券

「社債」とは、会社法の規定により、株式会社が不特定多数の者から資金調達を行うために債権者を募集し、債券を発行する場合の株式会社に対する債権をいいます。社債券は、この社債権者の権利を表彰する有価証券です。社債券は、会社法の規定による社債券、特別の法律により法人の発行する債券及び相互会社の社債券に限られるので、学校法人又はその他の法人が資金調達の方法として発行する、いわゆる学校債券等は含みません（印基通4号文書の4）。

#### エ 投資信託の受益証券、貸付信託の受益証券及び特定目的信託若しくは受益証券発行信託の受益証券

「投資信託の受益証券」とは、投資信託及び投資法人に関する法律に

基づいて、投資信託委託会社が発行する証券で、信託資金を有価証券に投資して運用し、これによって得た配当金、売買差益などの収益を投資家(受益者)が分配請求できる権利等を表彰した有価証券をいいます(『実務印紙税』224頁)。

「貸付信託の受益証券」とは、貸付信託法に基づいて信託銀行が募集した信託資金を、貸付け又は手形割引等の方法で運用し、その収益について、受益者が分配請求できる権利等を表彰した有価証券をいいます(『実務印紙税』225頁)。

「特定目的信託の受益証券」とは、資産の流動化に関する法律に基づき、特定目的信託による運用収益について、受益者が分配できる権利等を表彰した有価証券をいいます(『実務印紙税』225頁)。

「受益証券発行信託の受益証券」とは、信託法の「受益証券発行信託」の制度に基づいて発行される、信託行為一般の受益権を表彰した受益証券をいいます(信託法185以下)。

### (2) 課税標準及び税率

第4号文書に該当すると、券面金額に応じて(券面金額の記載のないものは、政令に基づき計算した金額に応じて)階級定額税率(200円～2万円)の印紙税が課されます。

### (3) 非課税物件

次の文書は非課税物件とされています。
① 日本銀行その他特別の法律により設立された法人で政令で定めるものの作成する出資証券(ただし、協同組織金融機関の優先出資に関する法律に規定する優先出資証券を除く。)
② 受益権を他の投資信託の受益者に取得させることを目的とする投資信託の受益証券で政令で定めるもの

## 5 第5号文書
## 「合併契約書又は吸収分割契約書若しくは新設分割計画書」

### (1) 第5号文書の意義及び範囲
#### ア 合併契約書

合併契約書の「合併」とは、会社法等の法律の規定に従い複数の会社が合体して1つの会社になることをいい、合併契約書とは、この合併に際し作成される契約書のことをいいます。そして、印紙税法上の課税対象となる合併契約書とは、別表第一課税物件表5号文書の定義欄1の記載より、会社法第748条に規定する合併契約（保険業法第159条1項に規定される合併契約を含みます。）を証する文書に限られます。つまり、印紙税法上の課税対象となる合併契約書とは、株式会社、合名会社、合資会社、及び相互会社が締結する合併契約を証する文書に限られます。

#### イ 吸収分割契約書

会社法において「吸収分割」とは、株式会社又は合同会社がその事業に関して有する権利義務の全部又は一部を分割後他の会社に承継させることをいい（会社法2①二十九）、印紙税法上の課税対象となる吸収分割契約書とは、その吸収分割をする株式会社又は合同会社と権利義務の全部又は一部を承継する会社との間で締結する吸収分割契約（会社法757）を証する文書をいいます（別表第一課税物件表5号文書の定義欄2）。

なお、吸収分割契約書に記載されている承継財産のうちに例えば不動産に関する事項が含まれている場合であっても、当該吸収分割契約書は第1号の1文書（不動産の譲渡に関する契約書）には該当しないことに注意が必要です（印基通5号文書の3）。これは、会社分割により承継の対象とされた権利義務は、一括して法律上当然に包括承継されるものであり、不動産の譲渡を約するものではないことによるものです。

ウ　新設分割計画書

　会社法において「新設分割」とは、1又は2以上の株式会社又は合同会社がその事業に関して有する権利義務の全部又は一部を分割により設立する会社に承継させることをいい（会社法2①三十）、印紙税の課税文書となる新設分割計画書とは、新設分割をする株式会社又は合同会社が作成する新設分割計画（会社法762）を証する文書をいいます。

　ただし、新設分割計画書は、本店に備え置くものに限り課税対象となります（印基通5号文書の2(注)）。また、新設分割計画書を本店に備え置く時をもって作成の時とされ、その時点で納税義務が成立することとなります（印基通44②(5)）。

## (2) 契約等の変更又は補充について

　合併契約書又は吸収分割契約書若しくは新設分割計画書の内容を変更又は補充するものは課税文書となりますが、会社法又は保険業法において合併契約又は吸収分割契約若しくは新設分割計画で定めることとして規定されていない事項についてのみ変更又は補充する文書、例えば、労働契約の承継に関する事項、就任する役員に関する事項等についてのみ変更又は補充する文書は、課税の対象とはなりません（印基通5号文書の4）。

## (3) 課税標準及び税率

　第5号文書に該当すると、1通につき4万円の印紙税が課されます。

## (4) 非課税物件

　第5号文書には、非課税規定はありません。

## 6 第6号文書
「定款」

### (1) 第6号文書の意義及び範囲

「定款」とは、公益法人、会社及び組合等の社団法人の組織や活動を定めた根本規則又は根本規則を主に記載した書面です（『実務印紙税』229頁）。

そのうち印紙税が課される定款は、株式会社、合名会社、合資会社、合同会社及び相互会社の設立の時に作成される原本に限られ、それ以外の定款は課税の対象となりません（別表第一課税物件表6号文書の定義欄1）。

また、株式会社及び相互会社の定款は、公証人の認証が効力発生要件となっているため、公証人の認証を受けていない定款は印紙税法上の定款には該当しません。

さらに、合名会社、合資会社及び合同会社の定款は、公証人の認証を要しないため、複数作成しても、そのうちの原本1通のみが課税の対象となります。

### (2) 一般社団法人・一般財団法人が作成する定款

印紙税が課される定款は(1)で述べたものに限られるため、一般社団法人・一般財団法人が作成する定款は、印紙税の課税対象となりません。

### (3) 課税標準及び税率

第6号文書に該当すると、1通につき4万円の印紙税が課されます。

## (4) 非課税物件

次の文書は非課税物件とされています。

株式会社又は相互会社の定款のうち、公証人法第62条の3第3項（定款の認証手続）の規定により公証人の保存するもの以外のもの

すなわち、公証人が保存する定款1通のみが課税の対象になり、認証後に公証人から返還される定款は非課税とされています。

### 【コラム】電子取引

電子商取引では文書は作られないため、文書課税たる印紙税負担は生じません。一般的な感覚では、印紙は「貼るもの」だから貼る対象（文書）がなければ納税のしようがない、ということになります。文書でなくても商取引の証拠があれば、そこに担税力を見出して課税しようとすれば、印紙税の課税趣旨の根本から見直しになります。

現在の印紙税についての要望としては、電子取引に課税されないため文書取引に対する課税もやめてもらいたい、つまり印紙税を廃止する方向の意見が多く見受けられます。現金決済なら課税されますが、クレジット決済なら課税されないというのもわかりにくいようです。両者が決済の現場で区別されることはほとんどありません。印紙税法が現金決済とクレジット決済を区別しているからやむを得ないという言い分は、取引の現場慣行を無視しているようにも思えます。

印紙税負担をなくすために、取引を文書から電子に変えよう、あるいはその決済を電子化しようとするには、ある程度のIT投資とそれに伴う関連部署のITリテラシーを向上させる必要があります。最近のIT関連企業や若者が起業した企業はともかく、業歴の古い中小老舗企業には荷が重い問題かもしれません。後継者難、相続税負担などで事業承継上の課題も多い上、さらに大企業に比べてハンディになりかねない税目を存置し続けるのは、再検討の余地があるかもしれません。

## 7 第7号文書
## 「継続的取引の基本となる契約書」

### (1) 第7号文書の意義及び範囲

　「継続的取引の基本となる契約書」とは、特約店契約書、代理店契約書、銀行取引約定書その他の契約書で、特定の相手方との間に継続的に生ずる取引の基本となるもののうち、政令（印令26）で定めるものをいうと定義されています（別表第一課税物件表7号文書の定義欄）。また、契約期間の記載のあるもののうち、その期間が3か月以内であり、かつ、更新に関する定めのないものを除くとの除外規定があります（別表第一課税物件表7号文書の物件名欄）。

　そして、印紙税法施行令第26条は、法の定めを受けて、以下の5つの類型を定めています。したがって、特定の相手方との間に継続的に生ずる取引の基本となる事項を定める契約書のうち、以下のいずれかに該当するものが第7号文書に該当することになります。

ア　特約店契約書その他名称のいかんを問わず、営業者の間において、売買、売買の委託、運送、運送取扱い又は請負に関する2以上の取引を継続して行うため作成される契約書で、当該2以上の取引に共通して適用される取引条件のうち目的物の種類、取扱数量、単価、対価の支払方法、債務不履行の場合の損害賠償の方法又は再販売価格を定めるもの（電気又はガスの供給に関するものを除きます。）（印令26 一）

イ　代理店契約書、業務委託契約書その他名称のいかんを問わず、売買に関する業務、金融機関の業務、保険募集の業務又は株式の発行若しくは名義書換えの事務を継続して委託するため作成される契約書で、委託される業務又は事務の範囲又は対価の支払方法を定めるもの（印令26 二）

ウ　銀行取引約定書その他名称のいかんを問わず、金融機関から信用の

供与を受ける者と当該金融機関との間において、貸付け（手形割引及び当座貸越しを含みます。）、支払承諾、外国為替その他の取引によって生ずる金融機関に対する一切の債務の履行について包括的に履行方法その他の基本的事項を定める契約書（印令26 三）
エ　信用取引口座設定約諾書その他名称のいかんを問わず、金融商品取引法第2条第9項に規定する金融商品取引業者又は商品先物取引法第2条第23項に規定する商品先物取引業者とこれらの顧客との間において、有価証券又は商品の売買に関する2以上の取引（有価証券の売買にあっては信用取引又は発行日決済取引に限り、商品の売買にあっては商品市場における取引（商品清算取引を除きます。）に限ります。）を継続して委託するため作成される契約書で、当該2以上の取引に共通して適用される取引条件のうち、受渡しその他の決済方法、対価の支払方法又は債務不履行の場合の損害賠償の方法を定めるもの（印令26 四）
オ　保険特約書その他名称のいかんを問わず、損害保険会社と保険契約者との間において、2以上の保険契約を継続して行うため作成される契約書で、これらの保険契約に共通して適用される保険要件のうち保険の目的の種類、保険金額又は保険料率を定めるもの（印令26 五）

　以上のように、「継続的取引の基本となる契約書」という名称の契約書があるわけではありません。特定の相手方との間に継続的に生ずる取引の基本となる契約書のうち、上記アからオのいずれかに該当する契約書が第7号文書の「継続的取引の基本となる契約書」にあたると判断されます。
　そして、アからオのいずれにも共通していることは、契約書の名称のいかんを問わないということです。したがって、当該文書がアからオの契約書に該当するか否かは契約書の内容をよく検討して判断する必要が

あります。

以下、第7号文書の要件を詳しく見ていきます。

## (2) 特定の相手方との間に継続的に生ずる取引の基本となる契約書

　継続的取引の基本となる契約書にあたるためには、特定の相手方との間に継続的に生ずる取引の基本となるものといえる必要があります。すなわち第7号文書では、特定の相手方との間で継続的に生ずる取引に共通して適用される条件を定めた契約書を対象としているといえます。同一当事者間で同種の取引が反復継続して行われる場合には、その取引に共通して適用される基本事項をあらかじめ基本契約書として定めておき、個々の取引に関しては契約書の作成を省略又は簡略化することがよく行われていますが、この場合の基本契約書が第7号文書の対象となる継続的取引の基本となる契約書です。したがって、特定の相手方との間に継続的に生ずる取引の基本となる契約書は個々の取引においてその都度作成される個別契約書とは区別されます。当該契約の締結により直ちに個別の契約が成立し、当事者双方の権利義務が発生するものは、個別契約にあたり、通常、継続的な取引の基本となる契約書には該当しません。例えば、物品の加工請負契約の目的物の総数量及び総金額が確定している場合に、「その納期は5か月後とする。」、「納品は各月100個ずつ6か月間行う。」、あるいは「代金の支払いは6か月に分割して支払う。」のように取り決めた場合は、契約期間については3か月を超えていますが、1取引における納期又は支払いを分割したものにすぎないので、この契約は個別契約になり、継続的取引の基本となる契約書には該当しないことになります（国税庁HP質疑応答事例7号文書の1）。

## (3) 契約期間の記載のあるもののうち、当該契約期間が三月以内であり、かつ、更新に関する定めのないものを除く

　継続的取引の基本となる契約書からは、契約期間の記載のあるもののうち、契約期間が3か月以内であり、かつ、更新に関する定めのないものを除くこととされています（別表第一課税物件表7号文書の物件名欄）。裏を返せば、第7号文書に該当するための期間的要件は次の通りです。

　ア　契約期間の定めのないもの
　イ　3か月を超える契約期間の定めのあるもの
　ウ　3か月以内の契約期間が定められているが、更新の定めが併せて記載されているもの（ただし、当初の契約期間に更新後の期間を加えてもなお3か月以内であるものを除きます（印基通7号文書の2）。）

　なお、この契約期間については、それぞれの文書に記載されている契約期間で判断することになります。例えば、「契約期間は4月1日付けの協定書の期間とする。」と記載されていて、引用した協定書の契約期間が仮に3か月以内であっても、この文書は契約期間の記載のないものとして取り扱われることになります（印基通4②）。

　［ア　契約期間の定めがないものの例］

> 第○条（解約申入れ）
> 　甲又は乙は、相手方に対して3か月以上前の予告をもって、本契約を将来に向かって解約することができる。

　この場合の「3か月」というのは、解約予告期間であって、契約期間ではありません。したがって、他に契約期間の記載のない限り、契約期間の定めのない契約書ということになります。

[イ 3か月を超える契約期間の定めがあるものの例]

> 第○条（有効期間）
>   本契約の有効期間は、平成30年4月1日から満1年とする。

「1年」という3か月を超える契約期間の定めがあります。

[ウ 3か月以内の契約期間が定められているが、更新の定めがあるもの]

> 第○条（有効期間）
> 1  本契約の有効期間は、平成30年4月1日から同年6月30日までとする。
> 2  前項に規定する有効期間満了の1か月前までに、甲乙のいずれからも特段の意思表示がない限り、本契約は同一条件をもって更に3か月更新されるものとし、以後も同様とする。

2項の1ヵ月は更新の場合の猶予期間であって、契約期間ではありません。

## （4）印紙税法施行令第26条第1号に該当する文書の要件

　印紙税法施行令第26条第1号には、「特約店契約書その他名称のいかんを問わず、営業者の間において、売買、売買の委託、運送、運送取扱い又は請負に関する2以上の取引を継続して行うため作成される契約書で、当該2以上の取引に共通して適用される取引条件のうち目的物の種類、取扱数量、単価、対価の支払方法、債務不履行の場合の損害賠償の方法又は再販売価格を定めるもの（電気又はガスの供給に関するものを除く。）」と規定されています。

　したがって、印紙税法施行令第26条第1号に該当し、第7号文書に該当する文書の要件としては、以下の5つが挙げられます。

① 営業者の間の契約について作成されるものであること
② 売買、売買の委託、運送、運送取扱い、又は請負に関する契約書であること
③ 2以上の取引を継続して行うための契約書であること
④ 2以上の取引に共通して適用される取引条件のうち目的物の種類、取扱数量、単価、対価の支払方法、債務不履行の場合の損害賠償の方法、再販売価格のうち1以上の事項を定める契約書であること
⑤ 電気又はガスの供給に関する契約書でないこと

## ア　営業者の間の契約について作成されるものであること（①）

　第7号文書の「営業者」は、「法別表第1第17号の非課税物件の欄に規定する営業を行う者をいう」（印令26一）とされていますので、第17号文書の受取書を作成した場合に印紙税を課税される者がこの要件に該当することになります。そして、「営業者の間」とされていることから、契約当事者双方が営業者にあたらなければ第7号文書には該当しません。

　「営業者」とは、一般には営業を行っている者をいい、「営業」とは、利益を得る目的で同種の行為を反復・継続的に行うことをいいます。

　したがって、利益を得る目的で同種の行為を反復・継続的に行う限り、その結果現実に利益を得ることができなかったとしても、営業にあたります。また、結果的にその行為が1回限りで終わってしまい、反復・継続しなかったとしても、行為の当初に反復・継続して同種の行為を行う意思がある限り、営業に該当します。

　具体的には、利益を得る目的で事業活動を行う株式会社等の営利法人は営業者にあたりますが、利益を得る目的で事業活動を行わない公益社団法人、公益財団法人、学校法人などの公益法人は営業者に該当しませ

ん（印基通17号文書の22）。また、農業協同組合、信用金庫など会社以外の法人で、法令又は定款の定めにより利益金又は剰余金の配当又は分配をすることができる法人（印基通17号文書の21）については、出資者と行う取引は利益を得る目的で行われる行為ではありませんので、営業者の行為に該当しませんが、出資者以外の者と行う取引は相手方が営業者であれば利益を得る目的の事業活動として営業者の行為となります（別表第一課税物件表17号文書の非課税物件欄2）。

　また、個人の場合は、商法における商行為に該当しない行為を業務とする医師、あん摩・マッサージ・指圧師、弁護士、司法書士等のいわゆる自由職業者、農林漁業等の原始生産者、会社員等は営業者に該当しません（国税庁HP質疑応答事例7号文書の4、印基通17号文書の24～26）が、利益を得る目的で事業活動を行う個人事業主は営業者に該当します。

　なお、「営業者の間の契約について作成されるもの」であればよいので、営業者が本来の営業目的のために締結する契約に限りません。例えば、会社が事務用消耗品や自動車用ガソリンを継続的に購入する場合の契約等も、営業者間の契約になります。

**イ　売買、売買の委託、運送、運送取扱い、又は請負に関する契約であること（②）**

　（ア）売買とは、当事者の一方がある財産権を相手方に移転することを約し、相手方がこれに対してその代金を支払うことを約することによって、その効力を生ずる契約のことをいいます（民法555）。

　（イ）売買の委託とは、特定の物品等を販売し又は購入することを委託することをいいます（印基通7号文書の7）。

　（ウ）運送とは、委託により物品又は人を所定の場所へ運ぶことをい

います（印基通1号の4文書の1）。
(エ) 運送取扱いとは、運送の取次ぎを行うことをいいます。
(オ) 請負とは、当事者の一方がある仕事を完成することを約し、相手方がその仕事の結果に対してその報酬を支払うことを約することによって、その効力を生ずる契約のことをいいます（民法632）。

## ウ　2以上の取引を継続して行うための契約書であること（③）

2以上の取引とは、契約の目的となる取引が2回以上継続して行われることをいいます（印基通7号文書の4）。したがって、個別契約は除外されます。

具体的には、将来継続して商品を販売するための売買基本契約書、継続的に製品を輸送するための運送契約書、継続的な機械保守や修理に関する契約書が2以上の取引を継続して行うための契約書に該当します。

また、エレベーター保守契約、ビル清掃請負契約書等、通常、月等の期間を単位として役務の提供等の債務の履行が行われる契約については、料金等の計算の基礎となる期間1単位（1か月、1年等）ごと又は支払いの都度ごとに1取引として取り扱われます（印基通7号文書の6なお書き）。

なお、割賦販売契約書のように1回の取引において購入した商品の代金を分割して支払う場合や、1回の取引において購入した商品の引渡しを複数回に分けて行う場合は2以上の取引には該当しません。例えば、毎月500個のA部品を1年間にわたって売買するとした場合は2以上の取引に該当しますが、6,000個のB部品について一定の日に6,000個の売買契約をし、1月ごとに500個ずつ納品するとした場合は1取引であり、2以上の取引には該当しません。

エ　2以上の取引に共通して適用される取引条件のうち目的物の種類、取扱数量、単価、対価の支払方法、債務不履行の場合の損害賠償の方法、再販売価格のうち1以上の事項を定める契約書であること（④）

（ア）目的物の種類

　目的物の種類とは、取引の対象の種類をいい、その取引が売買である場合には売買の目的物の種類が、請負である場合には仕事の種類・内容等がこれに該当します。また、当該目的物の種類には、例えばテレビ、ステレオ、ピアノというような物品等の品名だけでなく、電気製品、楽器というように共通の性質を有する多数の物品等を包括する名称も含まれます（印基通7号文書の8）。

（イ）取扱数量

　取扱数量を定めるものとは、取扱量として具体性を有するものをいい、一定期間における最高又は最低取扱（目標）数量を定めるもの及び金額により取扱目標を定める場合の取扱目標金額を定めるものを含みます。したがって、例えば「1か月の最低取扱数量は50トンとする。」、「1か月の取扱目標金額は100万円とする。」とするものはこれに該当しますが、「毎月の取扱数量は当該月の注文数量とする。」とするものは該当しません（印基通7号文書の9）。

（ウ）単価

　単価とは、数値として具体性を有するものに限ります。したがって、「市価」、「時価」等とするものはこれに該当しません（印基通7号文書の10）。

（エ）対価の支払方法

　対価の支払方法を定めるものとは、「毎月分を翌月10日に支払う。」、「60日手形で支払う。」、「借入金と相殺する。」等のように、対価の支払に関する手段方法を具体的に定めるものをいいます（印基通7

号文書の11)。
(オ) 債務不履行の場合の損害賠償の方法
　債務不履行の場合の損害賠償の方法とは、債務不履行の結果生ずべき損害の賠償として給付されるものの金額、数量等の計算、給付の方法等をいい、当該債務不履行になった債務の弁済方法をいうものではありません(印基通7号文書の12)。
(カ) 再販売価格
　再販売価格とは、私的独占の禁止及び公正取引の確保に関する法律第23条に規定する再販売価格維持契約制度の再販売価格を定めるものをいいます。

オ　電気又はガスの供給に関する契約書でないこと(⑤)
　電気の供給とは、電気事業者が電気を消費者に提供するものをいいます。
　ガスの供給とは、ガス事業者等が都市ガス、プロパンガス等の燃料用ガスを導管、ボンベ、タンクローリー等により消費者に継続して供給することをいいます(印基通7号文書の13)。

## (5) 印紙税法施行令第26条第2号に該当する文書の要件

　印紙税法施行令第26条第2号には、「代理店契約書、業務委託契約書その他名称のいかんを問わず、売買に関する業務、金融機関の業務、保険募集の業務又は株式の発行若しくは名義書換えの事務を継続して委託するため作成される契約書で、委託される業務又は事務の範囲又は対価の支払方法を定めるもの」と規定されています。
　したがって、印紙税法施行令第26条第2号に該当し、第7号文書になる文書の要件としては、以下の2つが挙げられます。
　①　売買に関する業務、金融機関の業務、保険募集の業務又は株式の

発行若しくは名義書換えの事務を委託するため作成される契約書であること
② 継続して委託される業務又は事務の範囲又は対価の支払方法を定めるものであること

## ア 売買に関する業務、金融機関の業務、保険募集の業務又は株式の発行若しくは名義書換えの事務を委託するため作成される契約書であること（①）

（ア）売買に関する業務

売買に関する業務の委託とは、売買に関する業務の一部又は全部を委託することをいい、特定の物品等の販売又は購入を委託する「売買の委託」（印令26一）とは区別されます（印基通7号文書の7）。

（イ）金融機関の業務

印紙税法施行令第26条第2号の「金融機関」には、銀行業、信託業、金融商品取引業、保険業を営むもの等通常金融機関と称されるもののほか、貸金業者、クレジットカード業者、割賦金融業者等金融業務を営むすべてのものを含みます（印基通7号文書の14）。

そして、金融機関の業務とは、金融機関における預金業務、貸出業務、出納業務、為替業務、振込業務、その他の業務をいいます（印基通7号文書の15）。

したがって、金融機関の業務の委託とは、金融機関が、他の者（金融業務を行うことができる金融機関）に対して、これらの金融機関としての業務を委託することをいいます。

（ウ）保険募集の業務

保険募集の業務の委託とは、保険代理店等が行う各種の保険の募集を委託することをいいます。保険会社と雇用関係にない保険外交員との契約書が保険募集の業務を委託するため作成される契約書にあたり

ます(『実務印紙税』254頁)。

(エ) 株式の発行若しくは名義書換えの事務

　株式の発行事務とは、新株の発行にあたり証券会社等と新株発行会社との間で締結される募集引受け等のほか、株式の分割・併合、株式への転換等、新株券を発行する事務も含まれます。

　株式の名義書換えの事務とは、株主から名義書換えの請求を受けた場合のその処理に伴う事務をいいます(『実務印紙税』257頁)。

イ　継続して委託される業務又は事務の範囲又は対価の支払方法を定めるものであること(②)

### (6) 印紙税法施行令第26条第3号に該当する文書の要件

　印紙税法施行令第26条第3号には、「銀行取引約定書その他名称のいかんを問わず、金融機関から信用の供与を受ける者と当該金融機関との間において、貸付け(手形割引及び当座貸越しを含む。)、支払承諾、外国為替その他の取引によって生ずる当該金融機関に対する一切の債務の履行について包括的に履行方法その他の基本的事項を定める契約書」と規定されています。

　例えば、銀行取引約定書、信用金庫取引約定書、農協取引約定書、金融取引約定書等がこれにあたります。

### (7) 印紙税法施行令第26条第4号に該当する文書の要件

　印紙税法施行令第26条第4号には、「信用取引口座設定約諾書その他名称のいかんを問わず、金融商品取引法第2条第9項に規定する金融商品取引業者又は商品先物取引法第2条第23項に規定する商品先物取引業者とこれらの顧客との間において、有価証券又は商品の売買に関する2以上の取引(有価証券の売買にあっては信用取引又は発行日決済取引

に限り、商品の売買にあっては商品市場における取引（商品清算取引を除く。）に限る。）を継続して委託するため作成される契約書で、当該2以上の取引に共通して適用される取引条件のうち受渡しその他の決済方法、対価の支払方法又は債務不履行の場合の損害賠償の方法を定めるもの」と規定されています。

したがって、印紙税法施行令第26条第4号に該当し、第7号文書になる文書の要件としては、以下の3つが挙げられます。

① 金融商品取引業者又は商品先物取引業者とこれらの顧客の間において、有価証券又は商品の売買に関する2以上の取引を継続して委託するため作成される契約書であること

② ①の取引が有価証券の売買であるときには、信用取引又は発行日取引に限られ、その取引が商品の売買であるときには、商品市場における取引に限られること

③ 2以上の取引に共通して適用される取引条件のうち受渡しその他の決済方法、対価の支払方法又は債務不履行の場合の損害賠償の方法を定める契約書であること

## (8) 印紙税法施行令第26条第5号に該当する文書の要件

印紙税法施行令第26条第5号には、「保険特約書その他名称のいかんを問わず、損害保険会社と保険契約者との間において、2以上の保険契約を継続して行うため作成される契約書で、これらの保険契約に共通して適用される保険要件のうち保険の目的の種類、保険金額又は保険料率を定めるもの」と規定されています。

したがって、印紙税法施行令第26条第5号に該当し、第7号文書になる文書の要件としては、以下の2つが挙げられます。

① 損害保険会社と保険契約者との間において、2以上の保険契約を継続して行うため作成される契約書であること

② 保険契約に共通して適用される要件のうち、保険の目的の種類、保険金額又は保険料率を定める契約書であること

## (9) 課税標準及び税率

第7号文書に該当すると、1通につき4,000円の印紙税が課されます。

## (10) 非課税物件

第7号文書には、非課税規定はありません。

## (11) 事例検討

### ア 単価通知書

次の「単価通知書」はいずれも製品の製造業者が製造委託契約を締結している委託先に対して加工料の単価等を通知する文書です。課税文書に該当しますか。

なお、いずれの取引基本契約書にも、甲乙協議の上決定した単価を単価通知書により通知する旨の記載はありません。

その1

---

平成30年6月1日

甲株式会社　御中

乙株式会社　印

単価通知書

貴社との協議の結果、単価が決定いたしましたので、
下記のとおり通知いたします。

1. 商品A　決定単価120円（申込単価100円）
2. 商品B　決定単価200円（申込単価180円）

その2

>　　　　　　　　　　　　　　　　　　　平成30年6月1日
>
> 甲株式会社　御中
>
>　　　　　　　　　　　　　　　　　　　乙株式会社　印
>
>　　　　　　　　　単価通知書
>
> 委託加工料を下記のとおり通知いたします。
>
> 1. 商品A　単価120円（現行単価100円）
> 2. 商品B　単価200円（現行単価180円）

結論　その1　第7号文書に該当します。
　　　その2　課税文書には該当しません。

　印紙税法上の契約書とは、その名称のいかんを問わず、契約の成立等の事実を証明する目的で作成する文書をいいます。すなわち、文書の名称が契約証書、協定書、約定書その他の名称であっても契約の成立等の事実を証明する目的で作成される文書であれば課税文書に該当することになります（通則5）。

　その1の文書は、「単価通知書」という名称で、さらに契約の一方当事者が作成する文書ではありますが、製品の製造業者が製造委託先に対して加工料の単価等を通知する文書であり、その単価は「貴社との協議の結果、単価が決定」したものと記載されています。したがって、その1の文書は、契約当事者間で製造委託契約（請負）の単価を定めるもの、すなわち、製造委託契約の補充又は変更の事実を証明する目的で作成された文書といえるので、第2号文書に該当します。

　また、その1の文書は、営業者間において継続する製造委託契約（請

負)の単価(印令26一)を定めるものとして第7号文書にも該当します。1つの文書が第2号文書と第7号文書に該当する場合は、その文書に契約金額の記載があれば第2号文書に、契約金額の記載がなければ第7号文書に該当します（通則3イ、印基通11①(2)(3)）。その1の文書では単価の記載はありますが、取扱数量等の記載がなく契約金額を計算することができませんので、契約金額の記載がないものとして第7号文書に所属が決定されます。

したがって、その1の文書は第7号文書に該当し、1通につき4,000円の印紙税が課されます。

他方、その2の「単価通知書」もその1と同じ名称の文書であり、製品の製造業者が製造委託先に対して加工料の単価等を通知する単独作成文書という点でも同じですが、その2は単なる通知文書にとどまり、当事者間で協議の上決定した単価を証明する目的で作成した文書、つまり契約書とはいえないため、課税文書には該当しません。その1の文書との違いは、「貴社との協議の結果、単価が決定いたしました」という文言、「申込単価」及び「決定単価」の文言がない点です。これらの文言がないため、当事者間で協議をした結果、単価が決定したことが文書上明らかでなく、単なる通知文書であり、契約書には該当しないと判断されることになります。

実務上では、次の①から⑤のいずれかに該当する場合には、たとえ「単価通知書」等の名称の一方当事者の作成する文書であったとしても、契約書に該当するものとして取り扱われます（『実務印紙税』265頁）。これは、その文書の記載内容から判断して、当事者間で協議の上決定した単価を証明する目的で作成した文書、つまり契約書といえるからです。

なお、②から⑤に該当しても、契約の相手方当事者が別途承諾書その他の契約の成立事実を証明する文書を作成する場合は当該通知書は契約書にはなりません。

①　当該文書に当事者双方の署名又は押印のあるもの
②　当該文書に「見積単価」及び「決定単価」、「申込単価」及び「決定単価」又は「見積№」等の記載があることにより、当事者間で協議の上単価を決定したと認められるもの
③　委託先から見積書等として提出された文書に、決定した単価等を記載して当該委託先に交付するもの
④　当該文書に「契約単価」、「協定単価」又は「契約納入単価」等通常契約の成立事実を証すべき文言の記載があるもの
⑤　当事者間で協議した上決定した単価を、当該文書により通知することが基本契約書等に記載されているもの

イ　エレベーター保守契約書

　次の「エレベーター保守契約書」は、ビルを所有する不動産会社甲が、ビルのメンテナンス会社乙に対してエレベーターの保守を依頼する際の契約書です。課税文書に該当しますか。

---

エレベーター保守契約書

甲と乙はエレベーター保守について次のとおり契約を締結する。

第1条　契約の対象となるエレベーター
　　　　所在場所　‥
　　　　種類及び台数　‥

（省略）

第6条　本契約におけるエレベーター保守の対価は月額5万円とし、乙は毎月末日限り、当月分を甲指定の銀行口座に振り込み支払う。

第7条　甲又は乙は、相手方に対して3か月以上前の予告をもって、本契約を将来に向かって解約することができる。

(省略)
本契約締結の証として、本書2通を作成し、甲乙各々記名押印の上各1つを保有する。

平成30年6月15日

　　　　　　　　　　　　　　　　甲不動産株式会社　　印
　　　　　　　　　　　　　　　　乙ビルメンテナンス株式会社　印

結論　第7号文書に該当します。

　この文書は、ビルを所有する不動産会社甲が、ビルのメンテナンス会社乙に対してエレベーターの保守を依頼する際の契約書ですが、エレベーター保守はエレベーターを安全に運転できる状態に保つことを仕事の完成とし、その仕事の結果に対して対価を支払うことを内容とするものですから、請負に関する第2号文書に該当します。

　そして、事例のエレベーター保守契約のように、月等の期間を単位として役務の提供等の債務の履行が行われる契約については、料金等の計算の基礎となる期間1単位ごと又は支払いの都度ごとに1取引として扱うものとされています（印基通7号文書の6）。事例の文書は、対価の計算の基礎となる1月ごとに1取引として扱われることになりますが、事例の文書には期間の定めがないので、2月以上の取引すなわち2以上の取引を継続して行うための契約であるといえます。また、甲及び乙は営業者ですから、この文書は営業者間において継続する2以上の取引について共通して適用される取引条件のうち、目的物の種類（1条）、単価（6条）、対価の支払方法（6条）を定めるものとして、第7号文書にも該当します。

　1つの文書が第2号文書と第7号文書に該当する場合は、その文書に

記載金額があれば第2号文書に、記載金額がなければ第7号文書に該当します（通則3イ、印基通11①(2)(3)）。

月単位で金額を定めている契約書では、契約期間の記載のあるものは当該金額に契約期間の月数等を乗じて算出した金額を記載金額とし、契約期間の記載のないものは記載金額がないものとして取り扱うものとされていますが（印基通29）、この文書では月額料金の記載はあるものの契約期間の記載がないため、記載金額の計算をすることができず、記載金額がないものとして第7号文書に所属が決定されます。

したがって、この文書は第7号文書に該当し、1通につき4,000円の印紙税が課されます。

ウ　警備保障契約の契約内容を変更する覚書

次の「覚書」は、既に締結した甲警備保障会社と乙金融機関との間の警備請負契約の仕事の範囲及び契約警備料金（1月あたり）の変更を内容とするものです。課税文書に該当しますか。

---

覚　　書

甲及び乙は、平成28年4月1日付け警備保障契約に関し、警備範囲に下記のATMを追加することを確認し、次のとおり覚書を締結する。

第1条　平成28年4月1日付け警備保障契約第3条の警備範囲に、添付ATMを追加する。
第2条　上記警備範囲の追加に伴い、1か月あたりの契約警備料金○○○○○円から○○○○円に変更する。
第3条　本覚書は、平成30年7月1日より効力を発するものとする。

甲警備保障会社　印
乙金融機関　　　印

結論　第7号文書に該当します。

　この文書は、既に締結した甲警備保障会社と乙金融機関との間の警備保障契約の仕事の範囲及び契約警備料金（1月あたり）の変更を内容とするもので、このような文書は一般に変更契約書といわれます。そして、変更契約書については、印紙税法で定められている重要な事項の変更をしていれば課税文書になりますが、重要な事項の変更をしていないのであれば課税文書にはなりません。

　警備保障契約は、警備保障会社の有する警備に関する専門的知識、経験、技術、能力等を信頼して、適正な手法により警備を行うことを期待して業務を委託しているといえること、また警備保障契約においては警備を実施すれば業務が完了し、仮に部外者の侵入を防げなかったとしても損害賠償等を支払うことが通常想定されていないことなどからすると、委任契約に該当するとも考えられます。しかし、印紙税実務では、警備保障契約は、警備保障会社等委託者から特定の建物その他の施設の安全を確保するため、警報機器の設置、ガードマンを配置する等の役務提供の依頼を受けた者がそれら役務を提供することを目的とする請負契約であると考えられています。そして、この文書では、第2号文書の重要な事項のうち、請負の内容（請負契約の仕事の範囲）、単価（月額警備料金）の変更について定めるものですから、第2号文書に該当します。また、甲及び乙は営業者であり、営業者間において継続する2以上の取引について共通して適用される取引条件のうち、目的物の種類（警備）及び単価（月額警備料金）の変更について定めるものですから、第7号文書にも該当します。

　1つの文書が第2号文書と第7号文書に該当する場合は、その文書に記載金額があれば第2号文書に、記載金額がなければ第7号文書に該当します（通則3イ、印基通11①(2)(3)）。

月単位で金額を定めている契約書では、契約期間の記載のあるものは当該金額に契約期間の月数等を乗じて算出した金額を記載金額とし、契約期間の記載のないものは記載金額がないものとして取り扱うものとされていますが（印基通29）、この文書では月額料金の記載はあるものの契約期間の記載がないため、記載金額の計算をすることができず、記載金額がないものとして第7号文書に所属が決定されます。

　したがって、この文書は第7号文書に該当し、1通につき4,000円の印紙税が課されます。

### エ　食堂経営委託に関する契約書（「売買に関する業務」）

　次の「食堂経営委託に関する契約書」は、会社が従業員の福利厚生のために設置した食堂の経営を専門業者に委託することを内容とするものです。課税文書に該当しますか。

---

食堂経営委託に関する契約書

　甲株式会社（以下、甲という。）と乙株式会社（以下、乙という。）は甲が乙に食堂の経営を委託することに関し、次のとおり契約を締結する。

第1条　甲は、甲社内の食堂の経営を乙に委託し、乙はこれを受託するものとする。

第2条　乙は食堂経営の委託に伴う対価として、毎月売上金の○％相当額を甲に支払うものとし、毎月末日締め翌月末支払いとして、乙は甲の指定する銀行口座に振込むことにより支払うものとする。

第3条　この契約の有効期間は、契約締結の日から1年間とし、有効期間満了の2か月前までに、甲乙のいずれからも特段の意思表示がない限り、本契約は同一条件をもって更に1年間更新されるものとし、以後も同様とする。

（以下略）

上記契約の締結を証するため、本契約書2通を作成し、甲乙双方が記名押印の上、各自その1通を保有するものとする。
　　平成30年8月1日

　　　　　　　　　　　　　　　　　　　　　甲株式会社　印
　　　　　　　　　　　　　　　　　　　　　乙株式会社　印

結論　第7号文書に該当します。

　印紙税法施行令第26条第1号に規定する「売買の委託」とは、特定の物品等の販売又は購入を委託することをいい、同条第2号に規定する「売買に関する業務の委託」とは、売買に関する業務の一部又は全部を委託することをいいます（印基通7号文書の7）。
　印紙税法施行令第26条第2号に規定する「売買に関する業務の委託」とは、具体的には、販売施設を所有している者が、そこにおける販売業務を委託する場合、販売店の経営そのものを委託した場合、更には業務の一部である集金業務、仕入業務、在庫管理業務等を委託した場合等がこれに含まれると解されています（国税庁HP質疑応答事例7号文書の17）。
　この文書は、会社が従業員の福利厚生のために設置した食堂の経営を専門業者に委託することを内容とする契約書で、食堂経営の経営そのものを継続的に委託するため、「売買に関する業務の委託」にあたります。また、委託する業務の範囲と対価の支払方法も定めています。したがって、印紙税法施行令第26条第2号の要件をみたし、第7号文書に該当します。

オ　フランチャイズ契約書
　　次の「フランチャイズ契約書」は、課税文書に該当しますか。

フランチャイズ契約書

　甲株式会社（以下、甲という。）をフランチャイザーとし、乙株式会社（以下、乙という。）をフランチャイジーとして、次のとおりフランチャイズ契約を締結する。

　第1条　甲は、乙に対して、東京都港区○○ 1-2-3 所在の店舗において、レストランを経営するため○○○○の名称を用いて営業する権利を与える。

　第2条　甲は乙に対して、甲が定めた商号、商標、並びに経営ノウハウを使用することを許諾する。

　第3条　甲は乙に対して、甲のレストラン経営に関するノウハウの実施につき指導し、その技術を習得させるものとする。

　第4条　乙は、甲に対し、本契約と同時にフランチャイズ加盟金として金100万円を支払うものとする。

　第5条　乙は、甲に対し、ロイヤリティとして、毎月総売上高の○％に相当する金員を、翌月○日限り、支払う。

　第6条　乙がレストランで提供する食材・酒類については、甲又は甲の指定する業者から継続的に仕入れるものとする。

　第7条　甲に対する対価の支払いは、甲指定の銀行口座に振込により支払うものとする。

　　　　（以下略）

　上記契約の締結を証するため、本契約書2通を作成し、甲乙双方が記名押印の上、各自その1通を保有するものとする。

　平成30年8月1日

　　　　　　　　　　　　　　　　　　　甲株式会社　印
　　　　　　　　　　　　　　　　　　　乙株式会社　印

結論　第7号文書に該当します。

　フランチャイズ契約書とは、一般に、特定の商号・商標を有する会社

が本部となり、本部が加盟店に対し当該商号・商標の使用を許諾するとともに経営ノウハウ等を提供し、加盟店は本部に対しロイヤリティ等を支払うことを約する契約書のことをいいます。この事例の「フランチャイズ契約書」でも、甲が乙に対し甲の商号・商標の使用を許諾するとともに経営ノウハウ等の提供・技術指導をし、これに対し乙が甲に対しロイヤリティを支払う内容になっています。第１号の１文書でも説明したように、経営ノウハウは第１号の１文書の「無体財産権」には該当しません。また、第１号の１文書の無体財産権の譲渡に関する契約書は、無体財産権そのものの譲渡契約書をいうので、商号や商標の使用権・実施権を設定する契約書は該当しません。したがって、フランチャイズ契約書の内容が甲の商号・商標の使用許諾と経営ノウハウ等の提供・技術指導に限られるのであれば、課税文書には該当しません。

　ここで気を付けなければいけないのは、このようなフランチャイズ契約書では、加盟店の販売する商品やその材料を本部から購入して仕入れなければならない等の規定が定められている場合が多いことです。

　この事例のフランチャイズ契約書第６条にも「乙がレストランで提供する食材・酒類については、甲又は甲の指定する業者から継続的に仕入れるものとする」との規定があり、乙が甲から継続的に食材・酒類を購入して仕入れることが定められています。したがって、この規定からこのフランチャイズ契約書は、営業者間において、継続する２以上の売買（食材・酒類）について共通して適用される取引条件のうち、目的物の種類（食材・酒類）及び対価の支払方法（銀行振込）を定めるものといえますので、印紙税法施行令第26条第１号の要件をみたし、第７号文書に該当します。

　なお、第３条に規定された「経営指導」は請負には該当しません。

> **【コラム】印紙税の起源**
>
> 　印紙税の起源は、世界においては、1624年オランダにあり、スペインとの戦費調達がその目的であったとされています。その後ヨーロッパはじめ各国に広まり、日本においては、1873年（明治6年）に、地租改正に伴って導入されました。地租とは、江戸時代の年貢に相当する土地に対する税金であるため、その後の固定資産税に相当するものだと思われます。日本での印紙税導入の直接の動機ははっきりしませんが、いずれにせよ明治維新直後で財政もひっ迫していたため、財源が欲しかったのでしょう。このように印紙税は、1887年（明治20年）に導入された所得税よりその起源は古いのです。導入後、日清戦争、日露戦争と続くため、殖産興業目的があったにせよ、お金に色はありませんから、オランダ同様、戦争遂行にも投入されたと考えても間違いではないでしょう。もっとも明治初期は税収における地租の割合が圧倒的に大きかったため（所得税も法人税も、もちろん消費税もありませんでした。）、印紙税は税収としてはおまけのような存在だった可能性が高いといえます。

## 8 第8号文書
「預貯金証書」

### (1) 第8号文書の意義及び範囲

「預貯金証書」とは、銀行その他の金融機関等で法令の規定により預金又は貯金業務を行うことができる者が、預金者又は貯金者との間の消費寄託の成立を証明するために作成する免責証券たる預金証書又は貯金証書をいいます（印基通8号文書の1）。

免責証券とは、債務者がその証券の所持人に弁済することにより、その所持人が正当な権利者でなかったとしても、悪意又は重大な過失がない限り、弁済としての効力が生じ、債務者が免責される証券をいいます。したがって、金融機関等が預金者等との間の消費寄託の成立を証明するために作成する文書であっても、それが免責性を有さない場合には、第8号文書にはあたらず、第14号文書となります。

第8号文書としては、定期預金証書、積立定期預金証書、自動継続定期預金証書、通知預金証書、別段預金証書等が挙げられます。

なお、金融機関以外の一般の会社等であっても、労働基準法第18条第4項又は船員法第34条第3項に基づいて預金又は貯金業務を行うことができますから、このような場合に作成される勤務先預金証書も第8号文書にあたります（印基通8号文書の2）。

### (2) 課税標準及び税率

第8号文書に該当すると、1通につき200円の印紙税が課されます。

### (3) 非課税物件

信用金庫その他政令で定める金融機関の作成する預貯金証書で、記載された預入額が1万円未満のものは、非課税文書となります。

政令で定める金融機関とは、以下の金融機関です（印令27）。
- ・信用金庫連合会
- ・労働金庫及び労働金庫連合会
- ・農林中央金庫
- ・信用協同組合及び信用協同組合連合会
- ・農業協同組合及び農業協同組合連合会
- ・漁業協同組合、漁業協同組合連合会、水産加工業協同組合及び水産加工業協同組合連合会

## 9 第9号文書
「貨物引換証、倉庫証券又は船荷証券」

### (1) 第9号文書の意義及び範囲
#### ア 貨物引換証

「貨物引換証」とは、商法第571条第1項の規定に基づき、陸上運送等の場合において、運送人が荷送人の請求によって作成するもので（印基通9号文書の1）、運送人が運送物品を受領したことを証し、かつ、これにより運送人が運送品を引き渡す義務を負担する証券です。いいかえると、運送人に対する運送品の引渡請求権を表彰する証書です。

貨物引換証は、商法第571条第2項にその要件が記載された要式証券ですが、その要式証券性は手形や小切手ほど厳格なものではありません。貨物引換証としての本質的な記載事項、すなわち、運送品を特定するための記載及び運送人による運送品の受領と目的地における引渡義務が確認できる記載があれば、法定の記載事項の一部を欠いていても貨物引換証として有効と解するのが通説です（『実務印紙税』327頁）。印紙税法上でも、貨物引換証としての法定記載事項の一部を欠く証書であっても貨物引換証として有効なものはもちろん、無効なものであっても、これ

と類似の効用を有するものであれば、貨物引換証に含むとされています（別表第一課税物件表9号文書の定義欄1）。ただし、証書に譲渡性のないことが明記されているものについては、有価証券性がないので、貨物引換証には該当しません（印基通9号文書の5）。

イ　倉庫証券

「倉庫証券」とは、商法第598条及び第627条第1項の規定により、倉庫営業者が寄託者の請求によって作成する預証券、質入証券及び倉荷証券をいいます（印基通9号文書の2）。

なお、商法第627条では、「倉荷証券」という用語が使われていますが、倉庫証券、預証券及び質入証券を「倉庫証券」と称するのが一般的です。

印紙税法では、倉庫証券には、預証券、質入証券及び倉荷証券のほか、商法第599条の記載事項の一部を欠く証書でこれらの証券と類似の効用を有するものを含むこととされています（別表第一課税物件表9号文書の定義欄2）。すなわち、寄託貨物の返還請求権を表彰するものは倉庫証券として取り扱われます。ただし、その証書に譲渡性のないことが明記されているものは、倉庫証券にはあたりません（印基通9号文書の5）。

なお、農業倉庫証券及び連合農業倉庫証券は、第9号文書の倉庫証券には含まれないこととされています（別表第一課税物件表9号文書の定義欄2）。

ウ　船荷証券

（ア）船荷証券の意義

「船荷証券」とは、海上運送人が運送物品を受け取ったことを証し、陸揚港においてこれと引換えに運送物品を引き渡すこととされているもの、すなわち、海上運送物について、商法第767条及び国際海上物品運送法第6条第1項の規定により、運送人、船長又は運送人等の代理人が、

用船者又は荷送人の請求により作成する、運送物品の引渡請求権を表彰する証券をいいます（印基通9号文書の3）。

　印紙税法では、船荷証券には、商法第769条又は国際海上物品運送法第7条の記載事項の一部を欠く証書で、船荷証券と類似の効用を有するものを含むとされています（別表第一課税物件表9号文書の定義欄1）。ただし、その証書に譲渡性のないことが明記されているものは、船荷証券にはあたりません（印基通9号文書の5）。

(イ) 船荷証券を数通作成する場合

　船荷証券は、商法第767条の規定により、同一運送品につき数通発行することが認められています。印紙税法上では、数通作成した船荷証券をそれぞれ船荷証券として取り扱うこととしていますが、当該数通のそれぞれに「Original」、「Duplicate」又は「First Original」、「Second Original」等の表示を明確にするときは、そのうち、「Original」又は「First Original」等と表示したもののみを課税文書として取り扱い、ほかのものは謄本として課税されないことになっています（別表第一課税物件表9号文書の非課税物件欄）。また、通関その他の用途に使用するため発行するもので「流通を禁ず」又は「Non Negotiable」等の表示を明確にするものは、有価証券として認められませんから、課税文書に該当しないものとして取り扱われます（印基通9号文書の4）。

## (2) 課税標準及び税率

　第9号文書に該当すると、1通につき200円の印紙税が課されます。

## (3) 非課税物件

　(1)ウ(イ)で述べた通り、船荷証券の謄本は、非課税物件にあたり、印紙税が課されません。

## 10　第10号文書
　　　「保険証券」

### (1) 第10号文書の意義及び範囲

　「保険証券」とは、保険者が保険契約の成立を証明するため、保険法その他の法令の規定により保険契約者に交付する書面をいいます（印基通10号文書の1）。

　保険証券としての記載事項の一部を欠くものであっても、保険証券としての効用を有するものは、印紙税法上の保険証券として取り扱われます（印基通10号文書の2）。

　また、印紙税法施行令第27条の2第3号に規定する「更新」には、保険期間の満了に際して既契約を継続するものを含みます（印基通10号文書の3）。

### (2) 保険証券の名称

　保険証券の名称を用いていない文書であっても、保険者が保険契約の成立を証明するため、保険法その他の法令の規定により保険契約者に交付する書面であれば、印紙税法上の保険証券に該当します（別表第一課税物件表10号文書の定義欄1）。

### (3) 再交付の請求により交付する書面

　保険法第6条等の規定により交付する書面について、その後、保険契約者からの再交付の請求により改めて交付する書面についても印紙法上の保険証券に含まれます（別表第一課税物件表10号文書の定義欄1）。

### (4) 課税標準及び税率

　第10号文書に該当すると、1通につき200円の印紙税が課されます。

### (5) 非課税物件

第10号文書には、非課税規定はありません。

## 11　第11号文書
　　　「信用状」

### (1) 第11号文書の意義及び範囲

　「信用状」とは、銀行が輸入業者又は旅行者の依頼に応じて他の銀行（支店）に対して、依頼者の信用を保証し、一定条件の下に一定額の金銭の支払いをすることを委託する支払委託書をいいます（印基通11号文書の1）。

　輸入業者が発行を受ける信用状を「商業信用状」といい、旅行者が発行を受ける信用状を「旅行信用状」といいます。

### (2) 商業信用状条件変更通知書

　既に発行されている商業信用状について、その金額、有効期限、数量、単価、船積み期限、船積み地又は仕向け地等を変更した場合に銀行が発行する「商業信用状条件変更通知書」は、課税文書に該当しません（印基通11号文書の2）。

### (3) 課税標準及び税率

　第11号文書に該当すると、1通につき200円の印紙税が課されます。

### (4) 非課税物件

　第11号文書には、非課税規定はありません。

# 12　第12号文書
　　「信託行為に関する契約書」

## (1) 第12号文書の意義及び範囲

　「信託」とは、信託法第3条各号に掲げる方法のいずれかにより、「特定の者が一定の目的（専らその者の利益を図る目的を除く。）に従い財産の管理又は処分及びその他の当該目的の達成のために必要な行為をすべきものとすること」をいいます（信託法2①）。

　そして、印紙税法上の「信託行為に関する契約書」とは、このうち信託法第3条第1号（信託の方法）に規定する信託契約を証する文書をいい（印基通12号文書の1）、信託証書も含みます（別表第一課税物件表12号文書の定義欄1）。担保付社債信託法その他の信託に関する特別の法令に基づいて締結する信託契約を証する文書も印紙税法上の「信託行為に関する契約書」に該当します（印基通12号文書の1(注)1）。信託法第3条第2号の遺言信託を設定するための遺言書及び同条第3号の自己信託を設定するための公正証書その他の書面は、第12号文書には該当しません（印基通12号文書の1(注)2）。

## (2) 財産形成信託取引証

　信託銀行が財産形成信託の申込者に交付する財政形成信託取引証は、「信託行為に関する契約書」に該当します（印基通12号文書の2）。財政形成信託取引証は、金銭信託証書のように個々の信託行為の成立を証するものではありませんが、今後継続的に発生する信託行為につき、包括的又は基本的にその成立を証するためのものであるからです。

## (3) 課税標準及び税率

　第12号文書に該当すると、1通につき200円の印紙税が課されます。

## (4) 非課税物件
第12号文書には、非課税規定はありません。

> 【コラム】信託契約書、遺言書
>
> 信託行為に関する契約書（以下「信託契約書」12号）は一律200円、遺言書は不課税文書です。もっとも、民事信託契約においては、信託受託者の専用銀行口座を作るのに際して、公正証書にすることを求められることが多いため、200円の印紙税の他、公証人の報酬がかかります。遺言についても、信託銀行をはじめ公正証書にすることが強く推奨されますから、同様に公証人の報酬がかかります。印紙税についても公証人報酬についても、契約等を文書化する際にかかるコストですから、利用当事者にとっては文書化コストです。これが高いと、その文書そのものを作成することを躊躇する原因になりかねません。この点について、民法の相続に関する規定の改正が国会で議論されています。改正されれば、「公正証書遺言」に代わり、「自筆証書遺言」の利用が進むのではないかと思われます。「自筆証書遺言」は文字通り自分で書いた遺言で、遺言作成にあたり他人の助力を得る必要はありません。そのため書きさえすればそれ以外に費用も手間も発生しません。これまでは法律にさほど詳しくない方が自力で遺言を作成すると、法律的に無効な遺言になってしまうリスクがあるとか、相続が発生したら、まず、遺言の「検認」という裁判所による手続きが必要になるとか、実務的な問題として、遺言の所在がわからなくなってしまうといったリスクがあると指摘がされてきました。しかし、これらについては、各地域の法務局が関与して、遺言書の形式要件をチェックしたり、その所在を管理したりすることが提案されています。「検認」も不要とする方向性です。法的な有効性については、これまで通り弁護士等の助言を得て作成すれば、そもそも問題になりません。

## 13　第13号文書
「債務の保証に関する契約書（主たる債務の契約書に併記するものを除く。）」

### (1) 第13号文書の意義及び範囲
　「債務の保証」とは、主たる債務者がその債務を履行しない場合に保証人がこれを履行することを債権者に対して約することをいい、これには連帯保証を含みます。したがって、他人の受けた不測の損害を補てんする損害担保契約は、主たる債務が存在しないため、債務の保証に関する契約には該当しません（印基通13号文書の1）。

　そして、「債務の保証に関する契約」とは、第三者が債権者との間において、債務者の債務を保証することを約するものをいいます。なお、第三者が債務者の委託に基づいて債務者の債務を保証する保証委託契約書は、委任に関する契約書に該当するので、第13号文書にはあたりません（印基通13号文書の2）。

### (2) 主たる債務の契約書に「併記」した債務の保証に関する契約書
　主たる債務の契約書に併記した債務の保証に関する契約書は、その主たる債務の契約書が課税文書に該当しない場合であっても課税文書とはなりません（印基通13号文書の3）。

```
              金銭借用書

            金 100 万円也

上記の金額、確かに借用いたしました。
平成 31 年 6 月 30 日までに返済いたします。
上記金額を借入人が平成 31 年 6 月 30 日までに返済できないときは
保証人が全額返済いたします。
  平成 30 年 7 月 1 日
                          借入人　甲野太郎　印
                          保証人　丙川三郎　印
```

　この文書は、金銭の受領事実のほか、返済期日を定めていますので、第 1 号の 3 文書（消費貸借に関する契約書）には該当しますが、主たる債務の契約書に併記した債務の保証に関する契約書になりますので、第 13 号文書には該当しません。

　なお、主たる債務の契約書に併記した保証契約を変更又は補充する契約書及び契約の申込文書に併記した債務の保証契約書は、第 13 号文書に該当します（印基通 13 号文書の 3 なお書き）。

```
              割賦購入申込書

         受付日：2018 年 5 月 1 日
         申込者：甲野太郎
         お申込みの商品：品番 AB－12
         支払代金：100 万円
         連帯保証人：乙山次郎（署名）
```

例えば、この事例で、連帯保証人乙山次郎は、割賦購入に関する申込書に連帯保証人として署名をしていますが、この申込書自体は、基本契約書、見積書等に基づいて作成されたものではないため、単なる申込書であって、契約の成立を証する「主たる債務の契約書」にはあたりません。したがって、乙山次郎が連帯保証人を引き受ける旨の記載は、主たる債務の契約書に併記した債務の保証に関する契約書には該当せず、第13号文書に該当することになります（印基通13号文書の3なお書き）。

## (3) 主たる債務の契約書に「追記」した債務の保証に関する契約書

　(2)の説明の通り、主たる債務の契約書に併記した債務の保証に関する契約書は課税されませんが、以下のように消費貸借契約の締結日と保証契約の締結日が異なる場合、保証契約の「追記」をした時点で新たに第13号文書が作成されたことになります（印法4③）。したがって、以下の文書は、消費貸借契約に関する部分は第1号の3文書に、保証契約に関する部分は第13号文書にそれぞれ該当することになります。

---

金銭借用書

金 100 万円也

上記の金額、確かに借用いたしました。
平成31年6月30日までには返済いたします。
平成30年7月1日　甲野太郎　印

乙山二郎　殿
　上記金額を甲野太郎が平成31年6月30日までに返済できないときは私が全額返済いたします。
　平成30年8月1日　　丙川三郎　印

---

## (4) 課税標準及び税率

第13号文書の通帳に該当すると、1通につき200円の印紙税が課されます。

## (5) 非課税要件

第13号文書に該当する債務の保証に関する契約書のうち、「身元保証ニ関スル法律に定める身元保証に関する契約書」に該当する文書は非課税となります。

「身元保証に関する契約書」とは、身元保証人が雇用関係に基づく使用者と被使用者との間で被使用者の行為により使用者が受けた損害を賠償することを約したものをいいます。ただし、被使用者の病気その他責めに帰することができない損害が生じた場合に直接的にそれを補てんするという内容の契約は損害担保契約に当たり、主たる債務が存在しないためそもそも債務の保証に関する契約書に該当しません。

なお、この身元保証に関する契約書には、入学及び入院の際等に作成する身元保証契約書も含まれます（印基通13号文書の4）。

# 14 第14号文書「金銭又は有価証券の寄託に関する契約書」

## (1) 第14号文書の意義及び範囲

第14号文書は、金銭又は有価証券の「寄託」に関する契約書です。

「寄託」とは、当事者の一方（受寄者）が相手方（寄託者）から物（寄託物）を受領し、寄託者のためにこれを保管する契約で（民法657）、消費寄託（民法666）もこれに含まれます（印基通14号文書の1）。通常の寄託契約では、受寄者は目的物の所有権を取得せず、その目的物自体を返還することになりますが、消費寄託契約では、受寄者は寄託物を

消費することができ、これと同種、同等、同量の物を返還すれば足ります（民法666）。

そして、消費寄託契約の代表例としては、銀行預金契約が挙げられます。そのため、第14号文書の該当性が問題となるのは、銀行預金契約において作成される文書が中心となります。

## (2) 課税標準及び税率

第14号文書に該当すると、1通につき200円の印紙税が課されます。

## (3) 非課税物件

第14号文書に、非課税規定はありません。

## (4) 第17号文書との区別

第14号文書と第17号文書の区別は、実務上、よく問題となります。第14号文書は、金銭又は有価証券の寄託に関する契約書で、寄託とは、受寄者が寄託者から寄託物を受領し、寄託者のためにこれを保管することをいいます。他方、第17号文書は、金銭又は有価証券の受取書で、金銭又は有価証券の受領事実が課税事項となります。両者は、一方が他方から金銭又は有価証券を受領する点で共通するといえますが、金銭等を寄託契約に基づき受領するか否か、すなわち、保管する目的で受領するかどうかによって区別されます。つまり、金銭等を受領した者が最終的にはこれを交付した者に返還することが予定されている場合には第14号文書となり、そうでない場合には第17号文書となります。

例えば、銀行が取引先から預金として金銭を受け入れた際に作成する預り証といった文書で、それが金銭を保管する目的で受領したことを証するために作成されたことが明らかである場合には、第14号文書となります（印基通14号文書の2）。

これに対し、例えば、不動産の賃貸借契約において、貸主が借主から敷金として金銭を受け取った際に作成される文書は、第14号文書ではなく、第17号文書となります（印基通14号文書の3）。賃貸人は敷金を賃借人のために保管する目的で受領したわけではないからです。また、継続的な取引を開始するにあたり、契約当事者の一方から他方に対し交付される取引保証金に関する契約書についても、取引保証金は提供者のために保管されるものではない以上、同様に第14号文書にはなりません（国税庁HP質疑応答事例14号文書の7）。

　第17号文書では、受取金額が5万円未満の場合や営業に関しない受取書の場合、非課税文書となりますが、第14号文書にはこのような非課税規定はありません。そのため、どちらの課税文書に該当するかによって、印紙税額が大きく変わります。特に金融機関においては、大量の文書が作成されるため、ある文書がどちらの号の文書にあたるかは大きな問題となります。

　第14号文書と第17号文書とは、金銭又は有価証券を保管する目的で受領したか否かによって区別することができますが、特に金融機関においてはこれを明確に区別する必要があるため、実務上、次のような基準によって判断することとされています（印基通14号文書の2、国税庁HP質疑応答事例14号文書の3）。

| 第14号文書となるもの | 第17号文書となるもの |
|---|---|
| 預り証、預金取次票など金銭の寄託を証明する目的で作成されると認められる名称を用いており、かつ、預金としての金銭を受領したことが文書上明らかなもの | 預り証、取次票などの名称が付されているが文書上預金の預りであることが明らかでないもの |
| 受取書、受領証などの名称を付されているが、受託文言、口座番号、預金期間など寄託契約の成立に結びつく事項が記載されているもの | 受取書、受領証などの名称が付されていて、単に受領原因としての預金の種類が記載されているもの |

### (5) 第8号文書との区別

　第8号文書の預貯金証書とは、銀行その他の金融機関等で法令の規定により預金又は貯金業務を行うことができる者が、預金者又は貯金者との間の消費寄託の成立を証明するために作成する免責証券たる預金証書又は貯金証書をいいます（印基通8号文書の1）。そして、免責証券とは、債務者がその証券の所持人に弁済することにより、その所持人が正当な権利者でなかったとしても、悪意又は重大な過失がない限り、弁済としての効力が生じ、債務者が免責される証券をいいます。したがって、金融機関等が預金者等との間の消費寄託契約の成立を証明するために作成する文書であっても、それが免責性を有さない場合には、第14号文書となります。どのような文書が預貯金証書にあたるのかについては、第8号文書の解説を参考にしてください。

### (6) 事例検討
#### ア　金融業務に関する文書

　「寄託」には消費寄託も含まれるところ、消費寄託契約の代表例として銀行預金契約が挙げられますから、金融業務のうち預金業務に関して

作成された文書は第14号文書にあたる可能性があります。このことを念頭に、以下の事例を検討してみましょう。
(ア) 現金自動預金支払機（ATM）から打ち出される帳票
　ATMから打ち出される帳票には、様々な取引に係るものがありますが、①から⑧それぞれの場合について、課税文書にあたるでしょうか。また課税文書にあたる場合、第何号文書に該当するでしょうか。
①　預金を払い戻した場合に交付される文書
結論　不課税文書になります。
　金融機関が文書を作成していますが、金融機関が金銭等を受領したわけではありません。第14号文書や第17号文書にあたるためには、そもそも金銭等を受領したことが必要となりますが、この文書はいずれにもあたりません。また、それ以外の文書にもあたりません。したがって、この文書は不課税文書となります。
②　残高照会の場合に交付される文書
結論　不課税文書になります。
　金融機関が文書を作成していますが、金融機関が金銭等を受領したわけではありません。したがって、この文書は不課税文書となります。
③　振込金受取書
結論　第17号文書にあたります。
　金融機関は振込金として金銭を受領していますが、振込人のために保管する目的で受領したわけではありません。したがって、第14号文書ではなく、第17号文書となります。なお、振込金受取書に振込手数料の受領事実が記載されている場合、振込手数料は売上代金といえますので、第17号の1文書にあたります。非課税物件欄の記載金額が5万円未満かどうかは、振込金（売上代金以外）と振込手数料（売上代金）の合計額によって判断します。売上代金、記載金額といった事項については、第17号文書の解説を参照してください。なお、実務上、多くの金

融機関では、振込金額や振込手数料は印字せず、残高金額のみを印字しています。これにより②の残高照会の場合に交付される文書に準じて扱うことが可能となり、不課税文書となります。

④　口座振替により振込みを行った場合に交付される文書

結論　不課税文書になります。

　金融機関が文書を作成していますが、金融機関が金銭等を受領したわけではありません。したがって、この文書は不課税文書となります。

　ただし、この文書に振込手数料の受領事実が記載されている場合には、振込手数料は売上代金といえますので、第17号の1文書にあたります。もっとも、振込手数料が5万円未満の場合には非課税物件にあたりますから、通常、非課税文書になります。

⑤　普通預金としてキャッシュカードで金銭を預け入れた場合に交付される文書

結論　第14号文書又は第18号文書にあたります。

　金融機関は普通預金として金銭を受領しています。預金者のために金銭を保管する目的で受領していますので、第14号文書にあたります。

　なお、現金自動預金機を設置する金融機関が、この現金自動預金機の利用登録をした顧客にあらかじめ専用のとじ込み用表紙を交付しておき、利用の都度、現金自動預金機から打ち出される預入年月日、預入額、預入後の預金残額、口座番号及びページ数その他の事項を記載した紙片を順次専用のとじ込み用紙に編てつすることとしているものは、その全体が第18号文書として取り扱われます（印基通18号文書の4）。もっとも、実務上は、このような管理事務が煩雑となることから、ほとんどの金融機関は取引内容及び預入金額を伏せた上で預入後の残高金額のみを記載しています。これにより②の残高照会の場合に交付される文書に準じて扱うことが可能になり、不課税文書となります。

⑥　口座振替によるキャッシュカードでの定期預金口座の開設の場合に

交付される文書
結論　第14号文書にあたります。
　定期預金という新たな預金契約の成立を証明するための文書であるため、第14号文書にあたります。
⑦　カード及び通帳での定期預金口座新規開設の場合に交付される文書
結論　第14号文書にあたります。
　定期預金という新たな預金契約の成立を証明するための文書であるため、第14号文書にあたります。
⑧　ローン返済のために金銭を入金した場合に交付される文書
　結論　原則として第17号文書にあたりますが、例外的に第14号文書にあたる場合もあります。
　入金された金銭は債務の弁済に充てられるため、金融機関はこれを保管する目的で受領したわけではありません。したがって、この際に交付される文書は第17号文書となります。ただし、入金された金銭を一旦、普通預金として受入れ、振替の方法で返済される場合に限っては、一旦、預金契約が成立していますから、例外的に第14号文書となります。
　第17号文書になる場合、その文書に利息の受領事実の記載がされている場合には、利息は売上代金といえますので、第17号の1文書となります。他方で、元金のみの受領事実の記載がされている場合には、元金は売上代金とはいえませんので、第17号の2文書となります。非課税物件欄の記載金額が5万円未満かどうかは、元金（売上代金以外）と利息（売上代金）の合計額によって判断します。売上代金、記載金額といった事項については、詳しくは、第17号文書の解説を参照してください。
（イ）預金口座振替依頼書
　預金口座振替依頼書は、預金者が預金契約を締結している金融機関に対して、電信電話料金、電力料金、租税等を、預金口座振替の方法により支払うことを依頼する場合に作成される文書です。この文書は課税文

書にあたるでしょうか。また、課税文書にあたる場合、第何号文書に該当するでしょうか。

---

預金口座振替依頼書

平成　年　月　日

銀行　御中

お取引口座

| | 店番 | 店名 | 科目 | 口座番号 | 連絡先電話番号 |
|---|---|---|---|---|---|
| | | | | | |
| ご氏名 | | | | | (お届印) |
| ご住所 | | | | | |

私は下記の料金等を口座振替によって支払うこととしたいので、下記の事項を確約のうえ依頼します。

| 電話料金 | | | | |
|---|---|---|---|---|
| | | | | |
| 電気料金 | | | | |
| | | | | |
| ガス料金 | | | | |
| 水道料金 | | | | |

1　私が支払うべき料金等について貴行に請求書が送付されたときは、私に通知することなく、請求書に記載された金額を預金口座から引落しのうえ、お支払ください。
2　預金の引落しにあたっては、当座勘定規定又は現金規定にかかわらず、小切手の振出又は現金通帳及び預金払戻請求書の提出はいたしません。
3　預金口座の残高が振替日において請求書の金額に満ないときは、私に通知することなく、請求書を返却されてもさしつかえありません。

| 口座マスター登録日 | 確認印 |
|---|---|
| | |

---

結論　不課税文書になります。

この文書は、既に成立している預金契約の預金の払戻方法の変更を証明する文書と解することもできます。このように解すると、この文書は、

目的物の引渡方法という第14号文書の重要な事項の変更を証明する文書（変更契約書）として、第14号文書にあたるようにも思えます。

　しかし、この文書は、金融機関に対し、口座振替事務を委任したことを証明する目的で作成される文書であって、預金の払戻方法の変更を直接証明する目的で作成される文書ではありません。したがって、この文書は、第14号文書にはなりません（印基通14号文書の7）。結論としては、不課税文書となります。

（ウ）金融機関に対する債務等の預金口座振替依頼書

　預金者が預金契約を締結している金融機関に対して、その金融機関に対する借入金、利息、手数料その他の債務、又は積立式の定期預貯金若しくは積金を預金口座から引き落として支払い又は振り替えることを依頼する場合、預金口座振替依頼書という文書が作成されます。この文書は課税文書にあたるでしょうか。また、課税文書にあたる場合、第何号文書に該当するでしょうか。

結論　原則として不課税文書になります。

　この文書は、電信電話料金を預金口座振替の方法により支払う際に作成される預金口座振替依頼書と同様に、金融機関に対し、口座振替事務を委任したことを証明する目的で作成される文書にすぎません。したがって、この文書は、第14号文書にはあたらず（印基通14号文書の8）、結論としては、不課税文書となります。

　ただし、金融機関に対する債務を預金口座から引き落として支払うことを内容とする文書であっても、それが原契約である消費貸借契約等の契約金額、利息金額、手数料等の支払方法又は支払期日を定めることを証明目的とすると認められるものは、第1号の3文書にあたる可能性があります（印基通14号文書の8なお書き）。例えば、文書の表題が契約

書、承諾書、念書、同意書等として作成される場合には、単に預金者が口座振替事務を委任する文書とは異なり、債務の支払方法という第1号の3文書の重要な事項、及び、預金の払戻方法という第14号文書の重要な事項が記載された文書といえるため、所属の決定により、第1号の3文書となる場合があります。

---

元利金等の支払いに関する承諾書

平成　年　月　日

銀行　殿

住所
氏名

私　　　　が平成　年　月　日付金銭消費貸借契約書に基づき貴行から借り入れた借入金及び利息の支払いについては、上記契約書に定める返済日に下記預金口座から引き落とされることを承諾致します。
　なお、普通預金規定にかかわらず普通預金通帳及び同払戻請求書の提出を省略します。

記

支店名
預金口座名
預金種類
口座番号

---

### イ　勤務先預金に関する文書

　使用者は、労働者からの委託を受けて、その預貯金を管理することができます（労働基準法18）。これを勤務先預金といいます。勤務先預金も預金契約ですから、その際に作成される文書については、銀行預金契約と同じように考えることができます。

#### （ア）勤務先預金明細書

　勤務先預金について、勤務先が預金通帳の発行に代え、一定期間中の

個々の預金取引の明細を記載した「勤務先預金明細書」等といった文書を預金者に交付する場合があります。この文書は、課税文書にあたるでしょうか。また、課税文書にあたる場合、第何号文書に該当するでしょうか。

結論　第14号文書に該当します。

　勤務先が、一定期間中の個々の預金取引の内容を明らかにするために交付した文書は、預金契約の成立を証明する目的で作成された文書であると解されるため、第14号文書にあたります（印基通14号文書の5）。なお、預金者にとじ込み用の表紙を交付しておき、順次、編てつすることとしている場合には、その全体が第18号文書（預金通帳）として取り扱われることになります（印基通18号文書の2参照）。

(イ)　預金残高通知書等

　他方で、一定期間中の受入金、払戻金及び残額のみを記載した「預金残高通知書」「社内預金収支明細票」等といった文書は、第14号文書に該当するでしょうか。

社内預金収支明細票
平成　年　月　日
〇〇殿

平成30年4月から9月までの取引明細

総務部

| 預金種類 | 受入額 | 払出額 | 残高 |
|---|---|---|---|
|  |  |  |  |
|  |  |  |  |

9月30日現在残高

結論　第14号文書にはあたらず、不課税文書となります（印基通14号文書の5なお書き）。

これは、一時点における預金の残高の照合を目的とする文書であって、個々の預金契約の成立を証明するために作成された文書とはいえないためと解されます。

## 15　第15号文書 「債権譲渡又は債務引受けに関する契約書」

### (1) 第15号文書の意義及び範囲

**ア　債権譲渡に関する契約書**

「債権譲渡」とは、債権をその同一性を失わせないで旧債権者から新債権者へ移転させることをいいます（印基通15号文書の1）。そして、この債権譲渡に関する契約（予約を含む。）の成立、更改、内容の変更又は補充の事実を証すべき文書が第15号文書の債権譲渡に関する契約書にあたります。

債権譲渡契約は、旧債権者（譲渡人）と新債権者（譲受人）との間の契約で、債務者はこの契約の当事者ではないため、印紙税法上の作成者にもなりません。仮に、債務者が債権譲渡を併せて承諾している三者契約書等を保持している場合には当該契約書にも印紙を貼る必要はありますが、納税義務者は契約の当事者であり文書の作成者である新旧債権者であって、債務者ではありません。したがって、債務者は、印紙税法上は印紙を負担する必要はありません。

なお、債権譲渡契約をした場合において、譲渡人が債務者に通知する債権譲渡通知書及び債務者が当該債権譲渡を承諾する旨の記載をした債権譲渡承諾書は、課税文書に該当しません（印基通15号文書の4）。債

権譲渡通知書も債権譲渡承諾書も債権譲渡に関して第三者に対する対抗要件を備えるためになされるものであり（民法467）、この通知又は承諾により債権譲渡契約が成立するものではないからです。

イ　債務引受けに関する契約書
　「債務引受け」とは、債務をその同一性を失わせないで債務引受人に移転することをいいます（印基通15号文書の2）。
　債務引受けには、債務者が債務を免れ引受人がこれに代わって同一内容の債務を負担する免責的債務引受けと、引受人が新たに同一内容の債務を負担するとともに債務者も依然として債務を負担し、債務者と引受人が連帯債務関係に入る重畳的債務引受けとがあります（印基通15号文書の2）。
　「債務引受けに関する契約」とは、第三者が債権者との間において債務者の債務を引き受けることを約するものをいい、債権者の承諾を条件として第三者と債務者の間において債務者の債務を引き受けることを約するものを含みます。なお、第三者と債務者との間において、第三者が債務者の債務の履行を行うことを約する文書は、委任に関する契約書に該当し、課税文書にあたりません（印基通15号文書の3）。

(2) 課税標準及び税率
　第15号文書に該当すると、1通につき200円の印紙税が課されます。

(3) 非課税物件
　第15号文書に該当する契約書で、契約金額の記載のある契約書のうち、当該契約金額が1万円未満のものは非課税となります。

## 16　第16号文書
　　「配当金領収証又は配当金振込通知書」

### (1) 第16号文書の意義及び範囲
#### ア　配当金領収証
　「配当金領収証」とは、配当金領収書その他名称のいかんを問わず、(ア)配当金の支払いを受ける権利を表彰する証書又は(イ)配当金の受領の事実を証するための証書をいいます。

(ア) 配当金の支払いを受ける権利を表彰する証書
　「配当金の支払いを受ける権利を表彰する証書」とは、会社が株主の具体化した利益配当請求権を証明した証書で、株主がこれと引換えに当該証書に記載された取扱銀行等のうち、株主の選択する銀行等で配当金の支払いを受けることができるものをいいます（印基通16号文書の1）。株主は、当該証書に記載された取扱銀行等のうち、株主が選択する銀行等で自己の印章を押印した上で当該証書を提出することにより、これと引換えに配当金の支払いを受けることができるものです。
　配当金領収証の中には、入金支払副票等を添えることにより配当金の支払いを受けられるものがありますが、この場合の配当金領収証も第16号文書に含まれます（印基通16号文書の3）。
　なお、配当金領収証を譲渡しても配当金支払い請求権の移転は生じないとされているため、配当金領収証は有価証券にあたりません。したがって、配当金領収証の受取書は証拠証券の受取書であり、第17号文書などの課税文書には該当しません。

(イ) 配当金の受領の事実を証するための証書
　「配当金の受領の事実を証するための証書」とは、会社が株主に配当金の支払いをするにあたり、あらかじめ会社が株主に送付する証書のうち、配当金の支払いを受ける権利を表彰する証書以外のもので、株主が

取扱銀行等から配当金の支払いを受けた際、その受領事実を証するために使用するものをいいます（印基通16号文書の2）。

　したがって、会社が銀行等に委託することなく直接配当金を現金で支払う場合に、その受領事実を証明させ提出を受ける文書で、株主に交付する時点では単なる用紙に過ぎず証書性を持たないものは、たとえ「配当金領収証」と称する用紙を会社が調製するものであっても、第16号文書には該当せず、株主が受領事実を記載証明するときに第17号の2文書（売上代金以外の金銭の受取書）になります（印基通16号文書の2なお書き）。

イ　配当金振込通知書

　「配当金振込通知書」とは、配当金振込票その他名称のいかんを問わず、配当金が銀行その他の金融機関にある株主の預貯金口座その他の勘定に振込済みである旨を株主に通知する文書をいいます。この場合の「振込済みである旨を株主に通知する文書」とは、会社が株主に対して株主の預貯金口座等への配当金振込みの事実等を通知する文書をいい、文書の表現が「振り込みます。」又は「振り込む予定です。」となっているものを含みます（印基通16号文書の5）。

ウ　配当金の範囲

　第16号文書でいう「配当金」とは、株式会社の利益の配当に係るものをいい、中間配当の場合の配当金（会社法454⑤）や合併交付金のうち利益配当の調整手段として支払われるものも、株式会社の利益の配当にあたりますので、これに該当します（印基通16号文書の4）。

## (2) 課税標準及び税率

第16号文書に該当すると、1通につき200円の印紙税が課されます。

## (3) 非課税物件

記載された配当金額が3,000円未満の証書又は文書には、印紙税が課されません。

---

**【コラム】印紙税の適正納付と節税**

　印紙税はまず適正に文書を評価して、課税・不課税を見極めて、文書記載の金額により適正な印紙税を納付することが必要です。その上で印紙税節税のためには、文書の内容や通数を検討することになります。印紙税の適正納付は基礎問題であり、印紙税の節税は応用問題といえると思います。印紙税は文書に対する税金ですが、文書を当事者がなぜ作るのか、逆に言えばなぜ口頭で済まさないのかといえば、後の紛争を避けるべく、事実の証明のための証拠とするためです。取引相手に対する証明の意思なくして文書を作成するという動機は通常は働きません。また証明する必要がある事項というのは、取引において重要な要素となる事項であって、重要ではないことは書かない一方、重要なことは書くのが自然です。重要なことが書かれていないとすると、それは他の文書に重要なことが書かれていることが予想されます。ある文書に課税事項が書いていない、したがって課税文書にならないとしても、他の文書に課税事項が玉突き的に記載されて、そちらが「御用」になってしまうかもしれません。そういう文書をまったく作成しないで、一方的に相手方たる、例えば、下請け会社等にリスクを押し付けていると、別の方面から「御用」になってしまうかもしれません。

## 17 第17号文書
1「売上代金に係る金銭又は有価証券の受取書」
2「金銭又は有価証券の受取書で1に掲げる受取書以外のもの」

### (1) 第17号文書の意義及び範囲

　第17号文書には、2種類の文書が含まれます。①売上代金に係る金銭又は有価証券の受取書（第17号の1文書）と、②金銭又は有価証券の受取書で①に該当しないもの（第17号の2文書）です（別表第一課税物件表17号文書の物件名欄）。すなわち、金銭又は有価証券を、売上代金として受け取った場合には第17号の1文書となり、そうでない場合には第17号の2文書となります。

### (2) 課税標準及び税率

　第17号の1文書で記載金額が記載されている場合には、1通につき階級定額税率で定まる金額の印紙税が課されます。第17号の1文書で記載金額が記載されていない場合及び第17号の2文書にあたる場合には、1通につき200円の印紙税が課されます。

### (3) 非課税物件

　第17号の1文書、第17号の2文書ともに、記載された受取金額が5万円未満の場合には非課税文書となります。
　また、それが営業に関しない受取書の場合にも非課税文書となります。
　有価証券、第8号文書、第12号文書、第14号文書、第16号文書に追記した受取書も非課税文書となります。例えば、有価証券の保管を約した者がその依頼者に交付する預り証は、第14号文書に該当します。そして、依頼者が有価証券の返還を受ける際に、その預り証に有価証券を受領した旨を記載して、保管者に交付した場合、第17号文書を新た

に作成したとみなされますが(印法4③)、これは非課税文書となります。

## (4) 第17号文書の判断過程

第17号文書の判断過程を整理したのが次の図です。

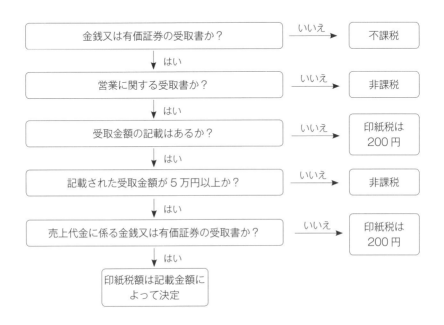

この図にも記載されているように、第17号文書においては、①売上代金に係る金銭又は有価証券の受取書にあたるかどうか、②営業に関する受取書かどうか、③記載された受取金額が5万円以上かどうかが特に重要なポイントとなります。したがって、以下では、主としてこの3つの点を解説します。

## (5) 売上代金に係る金銭又は有価証券の受取書(第17号の1文書)

売上代金に係る金銭又は有価証券の受取書には、6種類の受取書が含まれます。

① 売上代金として受け取る金銭又は有価証券の受取書（別表第一課税物件表17号文書の定義欄1柱書き）
② 受取金額の一部に売上代金を含む受取書（別表第一課税物件表17号文書の定義欄1イ）
③ 受取金額に売上代金が含まれるか明らかでない受取書（別表第一課税物件表17号文書の定義欄1イ）
④ 受領委託を受けた者が作成する受取書（別表第一課税物件表17号文書の定義欄1ロ）
⑤ 受領委託をした者が作成する受取書（別表第一課税物件表17号文書の定義欄1ハ）
⑥ 支払委託を受けた者が作成する受取書（別表第一課税物件表17号文書の定義欄1ニ）

大まかにいうと、①が第17号の1文書の基本形です。②と③は受取金額の一部に売上代金を含む場合や売上代金を含むか不明な場合であっても第17号の1文書になることを定めています。そして、④〜⑥は、金銭又は有価証券を交付する行為とそれを受領する行為のどちらかを他者に委託した場合について定めています。以下、①から⑥について説明します。

## ア　売上代金として受け取る金銭又は有価証券の受取書（①）
（ア）「売上代金」に該当するもの

「売上代金」とは、資産を譲渡し若しくは使用させること（当該資産に係る権利を設定することを含みます。）又は役務を提供することによる対価をいい、これには手付けも含まれます。すなわち、資産を譲渡することの対価、資産を使用させることの対価、資産に係る権利を設定することの対価、役務を提供することの対価は、売上代金にあたります。そして、「対価」とは、ある給付に対する反対給付の価格をいいます。

それぞれの具体例を挙げると、次の通りとなります（印基通17号文書の12～14、国税庁HP質疑応答事例17号文書の8）。

| 区分 | 内容 |
|---|---|
| 資産を譲渡することの対価 | 資産は、有形、無形を問いませんから、商品、備品等の流動資産、固定資産、無体財産権その他の資産を譲渡する場合の対価がこれに該当します。<br>（例）<br>①商品の売上代金（売掛金の回収を含みます。）<br>②資産の売却代金（未収金の回収を含みます。）<br>③手形割引の代金（手形の割引は、手形という有価証券を他人に譲渡し、対価として金銭等を受領するので、有価証券の売買に該当します。）<br>④無体財産権の譲渡代金（特許権、実用新案権、商標権等）<br>⑤債権の譲渡代金（電話加入権、売掛金等） |
| 資産を使用させることの対価 | 不動産、動産、無体財産権その他の権利を他人に使用させることの対価をいいます。なお、債務不履行となった場合に発生する遅延利息は、これに含まれません。<br>（例）<br>①土地、建物等不動産の賃貸料<br>②建設機械、自動車、事務機器等のリース料<br>③貸付金の利息<br>④貸倉庫料、貸金庫使用料<br>⑤特許権等の無体財産権の使用料 |
| 資産に係る権利を設定することの対価 | 不動産の賃貸借契約にあたり支払われる権利金のように、資産を他人に使用させるにあたり、当該資産について設定される権利の対価をいいます。<br>（例）<br>①不動産賃貸借の権利金<br>②不動産賃貸借の敷金、保証金（ただし、後日、返還されないこととされている金額に限る。） |

| 役務を提供することの対価 | 請負契約、運送契約、委任契約、寄託契約などのように、労務、便益、その他のサービスを提供することをいいます。<br>(例)<br>①請負契約の対価（工事請負代金、修繕費、宿泊料、出演料、広告料等）<br>②運送契約の対価（運送料等）<br>③委任契約の対価（委任報酬、情報の提供料等）<br>④寄託契約の対価（保管料等）<br>⑤その他（仲介料、技術援助料等） |
|---|---|

(イ)「売上代金」に該当しないもの

「売上代金」とは、資産の譲渡等の対価をいい、「対価」とは、ある給付に対する反対給付の価格をいいます。したがって、例えば、借入金、担保物（担保有価証券、保証金、証拠金等）、寄託物（寄託有価証券、預貯金等）、割戻金、配当金、保険金、損害賠償金（遅延利息及び違約金を含む。）、各種補償金、出資金、租税等の納付受託金、賞金、各種返還金等として受け取った金銭等は、何らかの給付に対する反対給付としての性質を有しませんから、売上代金には該当しません（印基通17号文書の15）。

また、法は、資産の譲渡等の対価にはあたるものの、例外的に売上代金から除外されるものも定めています（別表第一課税物件表17号文書の定義欄1柱書かっこ書き）。①金融商品取引法第2条第1項に規定する有価証券及び政令で定めるもの（印令28①）の譲渡の対価、②保険料及び政令で定めるもの（印令28②）がこれにあたります。債券や株券などの有価証券、合名会社等の社員の持分や協同組合等の組合員の持分などを譲渡した際の対価については①の条文を、保険料や公社債、預貯金の利子については②の条文をそれぞれ確認し、売上代金から除外されるかどうか検討すべきでしょう。

(ウ)「金銭」の受取書

「金銭」とは、一般的には貨幣、すなわち、硬貨や紙幣をいいますの

で、これらを受け取った際に作成される受取書が「金銭」の受取書にあたることは明らかです。しかし、例えば、銀行振込によって支払いを受けた者が作成する受取書は、「金銭」の受取書にあたるか問題となります。厳密にいえば、支払いを受けた者が取得したのは、硬貨や紙幣ではなく、預金債権という債権にすぎないからです。また、顧客がクレジットカードやデビットカードを利用して商品を購入した場合、商店は、「金銭」を受領したといえるのか問題となります。このように、「金銭」という要件に関しては多くの論点がありますが、これに関しては、後述の事例検討を参照してください。

(エ)「有価証券」の受取書

第17号文書は、金銭又は「有価証券」の受取書としていますので、どのようなものが「有価証券」に該当するか問題となります。「有価証券」に該当するものと該当しないものを整理すると、以下の表の通りとなります（印基通60、国税庁HP質疑応答事例17号文書の1）。

| 有価証券に該当するもの | 有価証券に該当しないもの |
| --- | --- |
| 法に規定する「有価証券」とは、財産的価値ある権利を表彰する証券であって、その権利の移転、行使が証券をもってなされることを要するものをいい、金融商品取引法に定める有価証券に限らない。<br>（具体例）<br>株券、国債証券、地方債証券、社債券、出資証券、投資信託の受益証券、貸付信託の受益証券、特定目的信託の受益証券、受益証券発行信託の受益証券、約束手形、為替手形、小切手、貨物引換証、船荷証券、倉庫証券、商品券、プリペイドカード、社債利札等 | 権利の移転や行使が必ずしも証券をもってなされることを要しない単なる証拠証券<br>（具体例）<br>借用証書、受取証書、運送状<br><br>債務者が証券の所持人に弁済すれば、その所持人が真の権利者であるかどうかを問わず、債務を免れる単なる免責証券<br>（具体例）<br>小荷物預り証、下足札、預金証書<br><br>証券自体が特定の金銭的価値を有する金券<br>（具体例）<br>郵便切手、収入印紙 |

### イ　受取金額の一部に売上代金を含む受取書（②）

　受取金額の一部に売上代金を含む受取書は、第17号の1文書となります。例えば、不動産の貸主が借主から賃料と保証金（後日返還予定）を受け取った事実を記載した受取書を作成した場合、賃料は売上代金にあたりますが、保証金（後日返還予定）は売上代金にはあたりません。しかし、受取金額の一部にでも売上代金が含まれていれば第17号の1文書となるため、この受取書は第17号の1文書となります。また、同様に、消費貸借契約の貸主が借主から元本と利息を受け取った事実を記載した受取書を作成した場合、利息という売上代金が含まれていることから、第17号の1文書となります。

### ウ　受取金額に売上代金が含まれるか明らかでない受取書（③）

　受取金額に売上代金が含まれるか明らかでない受取書は、第17号の1文書となります。例えば、単に、「100万円受領しました」とだけ記載した受取書を作成した場合、この100万円が売上代金かどうか不明ですから、この受取書は第17号の1文書となります。そのため、売上代金以外の金銭等を受け取った場合には、その名目（例えば、借入金の元本であること）を明確に記載しなければ、実際には売上代金ではなかったとしても、第17号の1文書となり、その記載金額の多寡によって印紙税額が決まることになります。売上代金以外の金銭等であることを明確に記載しておけば、第17号の2文書として、印紙税額は200円で足りますから、受取金額によっては大きな差となります。

### エ　受領委託を受けた者が作成する受取書（④）

　売上代金の受領について委託を受けた受託者が、委託者に代わって売上代金を受領する場合に作成する受取書は、売上代金の受取書となります。

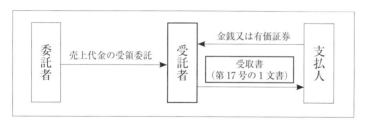

　第17号の1文書において、ある金銭等が売上代金かどうかは、基本的には、この金銭を受領し、受取書を交付した者にとって売上代金にあたるかどうかで判断します。しかし、売上代金の受領について委託を受けた受託者が、委託者に代わって売上代金を受領する場合には、金銭等を受領し、受取書を交付した者ではなく、最終的にこの金銭等を受け取る者にとって売上代金かどうかで判断します。すなわち、ここでは、委託者にとって売上代金かどうかで判断することになります。

　例えば、ホテルがタクシー会社から自己に代わって宿泊客のタクシー代を受領するよう依頼を受けていたとします。この場合、ホテルが宿泊客から受け取った金銭は、ホテルにとっては役務提供の対価ではありませんが、ホテルにこれを委託したタクシー会社にとっては役務提供の対価にあたります。したがって、ホテルが宿泊客に交付する受取書は売上代金の受取書となります。

　ただし、売上代金の受領について委託を受けた受託者が、委託者に代わって売上代金を受領する場合であっても、次の受取書については、売上代金の受取書とはならず、売上代金以外の受取書（第17号の2文書）となります（別表第一課税物件表17号文書の定義欄1ロかっこ書き、印令28③）。

①　売上代金が口座振込の方法により支払われる場合に、当該売上代金の受領について受託した金融機関が作成する振込金の受取書

②　売上代金が信託会社の信託勘定への振込の方法により支払われる場合に、当該売上代金の受領について受託した金融機関が作成する

振込金の受取書
③ 売上代金が為替取引による送金の方法により支払われる場合に、当該売上代金の受領について受託した金融機関が作成する送金資金の受取書（印基通17号文書の17）

## オ 受領委託をした者が作成する受取書（⑤）

売上代金の受領について委託をした委託者が、受託者から回収した売上代金を受領する場合に作成する受取書は、売上代金の受取書となります。

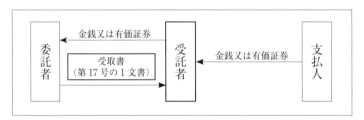

売上代金かどうかは、最終的にこれを受け取る者にとって売上代金かどうかで判断します。すなわち、ここでは、委託者にとって売上代金かどうかで判断することになります。

例えば、先の例で、タクシー会社が、ホテルから宿泊客のタクシー代を回収した際、ホテルに交付する受取書は、売上代金の受取書となります。

## カ 支払委託を受けた者が作成する受取書（⑥）

売上代金の支払について委託を受けた受託者が、委託者から支払資金を受領する場合に作成する受取書は、売上代金の受取書となります。

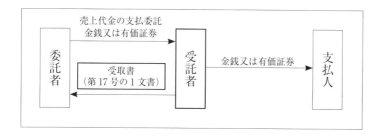

　第17号の1文書において、ある金銭等が売上代金かどうかは、基本的には、この金銭を受領し、受取書を交付した者にとって売上代金にあたるかどうかで判断します。しかし、売上代金の支払について委託を受けた受託者が委託者から支払資金を受領する場合には、金銭等を受領し、受取書を交付した者ではなく、最終的にこれを受け取る者にとって売上代金かどうかで判断します。すなわち、ここでは、支払を受ける者にとって売上代金かどうかで判断します。

　例えば、先の例では、ホテルがタクシー会社から依頼を受けた場合を想定していましたが、今度は、ホテルが宿泊客からタクシー代を自己に代わってタクシー会社に支払っておくように依頼された場合を想定します。この場合、支払原資として金銭を受け取ったホテルにとっては、これは売上代金とはいえませんが、最終的にこれを受け取るタクシー会社にとっては、役務提供の対価として売上代金となります。したがって、ホテルが宿泊客からタクシー代の支払資金を受け取った際に宿泊客に対して交付する受取書は、売上代金の受取書にあたります。

　ただし、売上代金の支払について委託を受けた受託者が委託者から支払資金を受領する場合であっても、次の受取書については、売上代金の受取書とはならず、売上代金以外の受取書（第17号の2文書）となります（別表第一課税物件表17号文書の定義欄1ロかっこ書き、印令28③）。

　①　売上代金が口座振込の方法により支払われる場合に、当該売上代

金の支払について受託した金融機関が作成する振込金の受取書
② 売上代金が信託会社の信託勘定への振込の方法により支払われる場合に、当該売上代金の支払について受託した金融機関が作成する振込金の受取書
③ 売上代金が為替取引による送金の方法により支払われる場合に、当該売上代金の支払について受託した金融機関が作成する送金資金の受取書（印基通17号文書の17）

## (6) 非課税物件
### ア 営業に関しない受取書

　第17号の1文書、第17号の2文書ともに、それが営業に関しない受取書にあたる場合には非課税文書となります（別表第一課税物件表17号文書の非課税物件欄2）。営業に関しない受取書といえるかどうかは、その受取書を作成する主体との関係で判断されます。すなわち、受取書を作成する主体にとって営業に関しないといえれば足り、受取書を交付する相手方にとって営業に関するかどうかは関係ありません。これは、「作成主体」に着目した非課税物件といえるでしょう。

　「営業」とは、一般的には、利益を得る目的で同種の行為を継続的、反復的に行うことをいいます。例えば、会社（株式会社、合名会社、合資会社又は合同会社）は利益を得る目的で同種の行為を継続的、反復的に行う者、すなわち商人にあたるため、会社が作成する受取書は営業に関して作成された受取書となります。他方で、医師、弁護士等は商人にはあたらないため、医師、弁護士等の作成する受取書は営業に関して作成されたとはいえず、非課税文書となります。

　なお、作成主体によっては、その者が作成する受取書の全てが営業に関しない受取書に該当するわけではなく、さらに一定の要件を満たす受取書に限って営業に関しない受取書と認められますので、この点は注意

が必要です。

　営業に関しない受取書を具体的に挙げると、次の通りとなります（国税庁HP質疑応答事例17号文書の7・17〜26、印基通17号文書の21〜27）。

| 作成主体 | 内容 |
|---|---|
| 個人 | 営業とは、利益を得る目的で同種の行為を継続的、反復的に行うことをいうため、個人が私生活上、財産を譲渡したとき等に作成する受取書は、営業に関しない受取書に該当します。 |
| 公益法人 | 公益法人が作成する受取書は、収益事業に関して作成するものであっても、営業に関しない受取書に該当します。 |
| 公益等を目的とする人格のない社団 | 公益及び会員相互間の親睦等の非営利事業を目的とする人格のない社団が作成する受取書は、営業に関しない受取書に該当しますが、これ以外の人格のない社団が収益事業に関して作成する受取書は、営業に関しない受取書には該当しません。 |
| 農業従事者等 | 店舗その他これに類する設備を有しない農業、林業又は漁業に従事する者が、自己の生産物の販売に関して作成する受取書は、営業に関しない受取書に該当します。 |
| 医師等 | 医師、歯科医師、歯科衛生士、歯科技工士、保健師、助産師、看護師、あん摩・マッサージ・指圧師、はり師、きゅう師、柔道整復師、獣医師等がその業務上作成する受取書は、営業に関しない受取書に該当します。 |
| 弁護士等 | 弁護士、弁理士、公認会計士、計理士、司法書士、行政書士、税理士、中小企業診断士、不動産鑑定士、土地家屋調査士、建築士、設計士、海事代理士、技術士、社会保険労務士等がその業務上作成する受取書は、営業に関しない受取書に該当します。 |

| 会社以外の法人で、利益金又は剰余金の配当又は分配のできない法人 | 会社以外の法人で特別法により法人になることが認められた法人のうち、利益金又は剰余金の配当又は分配のできない、法人労働組合、商品取引所、NPO法人、医療法人等の作成する受取書は、営業に関しない受取書に該当します。 |
|---|---|
| 会社以外の法人で、法令の規定又は定款の定めにより利益金又は剰余金の配当又は分配のできる法人 | 会社以外の法人で法令の規定、定款の定めにより利益金又は剰余金の配当又は分配のできる法人が、その出資者との間で作成する受取書は、営業に関しない受取書に該当します。出資者以外の者との間で作成する受取書は、営業に関しない受取書には該当しないため注意が必要です。<br>なお、会社以外の法人で法令の規定、定款の定めにより利益金又は剰余金の配当又は分配のできる法人についての詳細は、印基通17号文書の21を参照してください。監査法人、税理士法人もこれにあたります。 |

### イ　記載された受取金額が5万円未満の受取書

　第17号の1文書、第17号の2文書ともに、その受取書に記載された受取金額が5万円未満の場合には、非課税文書となります（別表第一課税物件表17号文書の非課税物件欄1）。前述の、営業に関しない受取書は「作成主体」に着目した非課税物件ですが、これは、「金額」に着目した非課税物件といえるでしょう。記載された受取金額が5万円未満かどうか判断する上ではいくつかポイントがあります。

（ア）売上代金の金額とそれ以外の金額の扱い

　受取書の中に売上代金の金額とそれ以外の金額が記載されている場合、この受取書は第17号の1文書にあたりますが、記載された受取金額が5万円未満かどうかという課税物件表の非課税物件欄の受取金額を判断する際は、これらの金額は合算して検討します（印基通34）。

```
                                          平成30年7月31日
    ○○様
                        受取書

            貸付元本      48,000 円
            貸付利息       2,000 円
            計          50,000 円

        上記正に受領いたしました。
                               株式会社○○○   印
```

　例えば、事例の受取書の場合、非課税物件欄の受取金額を判断する際には、売上代金以外の金額である「貸付元本」と、売上代金である「貸付利息」とを合算して検討しますので、非課税物件欄の受取金額は5万円ということになります。したがって、この受取書は非課税文書にはなりません。

　そして、この受取書は第17号の1文書にあたりますから、印紙税額を算定するためには、課税物件表の課税標準及び税率の欄の受取金額を判断する必要があります。しかし、この点が非常に紛らわしいのですが、売上代金の金額とそれ以外の金額が区分できる場合には、売上代金の金額だけが課税標準及び税率の欄の受取金額にあたります（通則4ハ(1)、印基通24(4)）。区分できない場合には、それらを合計した金額が受取金額にあたります（通則4ハ(2)、印基通24(5)）。

　上記の例では、売上代金の金額とそれ以外の金額が区分できるため、課税標準及び税率の欄の受取金額は、2,000円となります。

　以上の通り、非課税物件欄の受取金額を判断する際は、売上代金の金額とそれ以外の金額は合算して判断します。しかし、課税標準及び税率の欄の受取金額を判断する際、売上代金の金額とそれ以外の金額を区分

できる場合には、売上代金の金額だけが受取金額にあたります。どちらの受取金額を問題にするかによって、その判断方法が異なりますので、注意が必要です。

(イ) 営業に関する金額とそれ以外の金額の扱い

　受取書の中に営業に関する金額とそれ以外の金額が明確に区分して記載されている場合には、営業に関する金額だけが非課税物件欄の受取金額にあたります（印基通17号文書の28）。そのため、営業に関する金額とそれ以外の金額を合算すると5万円以上となる場合であっても、営業に関する金額が5万円を超えなければ、非課税文書となります。

### ウ　通達が課税しないこととしている受取書

　印紙税法基本通達は、次の受取書については、本来は課税文書にあたるものの、課税しないこととしています。

① 租税過誤納金等の受取書（印基通17号文書の29）
② 返還を受けた租税の担保の受取書（印基通17号文書の30）
③ 返還された差押物件の受取書（印基通17号文書の31）
④ 災害義えん金の受取書（印基通17号文書の33）

### エ　消費税額等の受取書

　消費税及び地方消費税の金額（以下「消費税額等」といいます。）のみを受領した際に交付する金銭又は有価証券の受取書は、記載金額のない第17号の2文書になります。また、その消費税額等が5万円未満である場合は、非課税文書にあたります（「消費税法の改正等に伴う印紙税の取扱いについて」3）。

## (7) 事例検討

　第17号文書の事例検討にあたっては、まず、金融機関以外のものが

作成した受取書（ア）と金融機関が作成した受取書（イ）に大きく分けます。そのうえで、金融機関以外のものが作成した受取書については、取引先との間で交わされる文書と顧客との間で交わされる文書に分けて説明します。また、金融機関が作成した受取書については、預金業務、出納業務、貸金業務及び為替業務のそれぞれにおいて作成される受取書について説明します。

### ア　金融機関以外のものが作成した受取書

（ア）取引先との間で交わされる文書

① 仮領収書

　金銭等を受領した際、後日、正式な領収書を交付するため、「仮領収書」という文書を交付することがあります。仮領収書であっても、それが金銭又は有価証券の受領事実を証明する文書にあたる場合には、第17号文書にあたります（印基通17号文書の3、印基通58）。少なくとも、後日、正式な領収書を交付するまでは、この仮領収書は金銭等の受領事実を証明するために作成された文書にほかならないからです。

② 入金事実が記載された請求書

　取引先に対し、商品代金等を請求するために請求書が作成されることがありますが、請求書は金銭又は有価証券の受領事実を証明するものではありませんので、課税文書にはあたりません。

　しかし、取引先から商品代金の支払を受けた際に、その請求書に領収印を押したり、代金を回収したことを意味する文言を記載したりして、これを取引先に交付した場合には、この請求書は金銭の受領事実を証明するために作成された文書といえるため、第17号文書にあたります。

　また、請求書には、請求金額を算出するために過去の入金事実を記載している場合があります。過去の入金事実が金銭の受領を証明

するために記載されているのか、それとも、単に請求金額を算出するために記載しているにすぎないのかは、実務上は、次のような基準によって判断されます（『実務印紙税』422頁）。

| No. | 文書の表題等 | 所属号別 | 印紙税の取扱い |
|---|---|---|---|
| 1 | 請求書 | 不課税 | 過去の入金事実の記載は、請求金額を算出するためのものですから課税文書に該当しません。 |
| 2 | 請求書の中に受領文言の記載のあるもの | 第17号文書 | 文書中に「正に領収しました。」等の文言の記載のあるものについては、金銭等の受領事実を証するものですから第17号の1文書に該当します。 |
| 3 | 請求書兼入金証明書等 | 第17号文書 | 入金証明書の表題から金銭等の受領事実を証することが明らかですので、第17号の1文書に該当します。 |
| 4 | 請求書兼計算書等<br>＊計算書は、請求金額算出のため作成 | 不課税 | 過去の入金事実の記載は、請求金額を算出するためのものですから課税文書に該当しませんが、No.2のように文書中に「正に領収しました。」等の文言の記載のあるものは、第17号の1文書に該当します。 |

③　相殺による領収書

　取引先との間で売掛金等と買掛金等とを相殺する場合に作成する領収書で、相殺による旨を明示しているものは、第17号文書にはあたりません（印基通17号文書の20）。

```
                                              平成 30 年 7 月 15 日
                          領収書
○○様
                        金 50 万円也
              上記金額売掛金と相殺し領収しました。

                                         株式会社○○　印
```

　売掛金等と買掛金等とを相殺した場合には、売掛金等に相当する金銭を実際に受領したわけではありません。したがって、この領収書は、「領収しました」という文言が記載されてはいますが、金銭の受領事実を証明する文書ではないと解されます。

　また、金銭又は有価証券を受領した際、その受領金額に相殺によって消滅する金額が含まれていることが明示されている場合には、相殺によって消滅する金額を除いた金額が記載金額となります（印基通 17 号文書の 20）。なお、相殺したことが文書上読み取れない場合には、以上のような取り扱いは認められないため、注意が必要です。

④　相手方の作成した書類等に押印した場合

　取引先において売上代金として手形を受領し、その際、取引先の手形発行の控えとなる手形の耳に押印をして、これを相手方に交付した場合には、これは有価証券の受領を証明するために作成する文書といえますから、第 17 号の 1 文書にあたります（国税庁 HP 質疑応答事例 17 号文書の 34）。

⑤　受取金引合通知書、入金記帳案内書等

　会社の従業員が取引先において金銭を受領した際に受取書等を交付し、後日、社内の入金処理が完了した後、取引先に対し、別途「受

取金引合通知書」、「入金記帳案内書」といった文書を交付することがあります。これが金銭又は有価証券の受領事実を証明する文書にあたる場合には、第17号文書にあたります（印基通17号文書の6）。

なお、取引先において金銭を受領した際に既に受取書を作成し、あるいは判取帳、通帳にその受領事実を証明している場合であっても、印紙税の納税義務は課税事項を証明する文書が作成される都度、発生しますから、既に受取書等を作成していたとしても、受取金引合通知書等が課税文書にあたらないことにはなりません。

⑥　振替済み、振込済みの通知書

取引先から口座振替、口座振込の方法で、売掛金等を回収した際、取引先に対し、預貯金口座への入金があった旨を通知するために、「振替済みの通知書」や「振込済みのお知らせ」といった文書を交付することがありますが、これは第17号文書にあたります（印基通17号文書の4）。厳密にいえば、売掛金に相当する金銭それ自体を受領したのは金融機関ですが、預金者は金融機関から、いつでも振り込まれた金銭に相当する預金の払戻を受けることが可能ですから、実質的には預金者が金銭を受領したと解することができます。

⑦　共同企業体とその構成員

建設工事や土木工事では、共同企業体（いわゆるジョイントベンチャー）を組んで事業が行われる場合があります。共同企業体は、民法上の組合にあたり、通常、各構成員が共同企業体に対して出資を行い、その出資金の持分割合により、利益の分配を行うことになります。共同企業体とその構成員が作成する受取書の扱いは、以下の通りです（印基通17号文書の19）。

(i)共同企業体が作成する受取書

共同企業体が構成員から出資金（費用分担金と称するものを含みます。）を受け取る場合に作成する受取書は資本取引であるため、

営業に関しない受取書として非課税文書となります。

　共同企業体が構成員に金銭等の受領を委託し、構成員からその委託に基づく金銭等を受け取る場合に構成員に交付する受取書は、金銭等を受け取る原因が売上代金である場合には、第17号の1文書となります（別表第一課税物件表17号文書の定義欄1ハ）。金銭等を受け取る原因が売上代金でない場合には、第17号の2文書となります。

(ⅱ)構成員が作成する受取書

　構成員が共同企業体から利益分配金又は出資金の返戻金を受け取る場合に作成する受取書は、第17号の2文書となります。

　共同企業体から金銭等の支払の委託を受けた構成員が、その委託に基づく金銭等を受け取る場合に共同企業体に交付する受取書は、金銭等を支払う原因が売上代金である場合には、第17号の1文書となります（別表第一課税物件表17号文書の定義欄1ニ）。金銭等を支払う原因が売上代金でない場合には、第17号の2文書となります。

⑧　賃貸借契約に基づく権利金等の預り証

　賃貸人が賃貸借契約の締結にあたり、賃借人から権利金、敷金、保証金等を預かった場合、それらの金銭が契約終了時に賃借人に返還されることが約されているときは、その預り証は第17号の2文書にあたります(印基通17号文書の15)。前述の通り、権利金、敷金、保証金といった金銭でこれが後に返還される場合には、これらの金銭は売上代金にあたりません（本章17(5)ア(イ)）。

　他方で、これらの金銭について、契約終了時にその全部又は一部が賃借人に返還されないことが約されている場合には、返還されない部分は賃借権という権利の設定の対価といえるため、売上代金にあたります。そのため、その預り証は、第17号の1文書となります（印

基通17号文書の13)。返還されない金額(売上代金の金額)と返還される金額(売上代金以外の金額)が明確に区分されている場合には、返還されない金額のみが記載金額となります(印基通24(4))。

⑨ 取引保証金の預り証

継続的な取引を開始するにあたり、契約当事者の一方から他方に対し交付される取引保証金の預り証は、第17号の2文書にあたります(国税庁HP質疑応答事例17号文書の38)。前述の通り、取引保証金は、売上代金にあたりません(本章17(5)ア(イ))。

⑩ 配当金領収書

株式会社が株主に対して配当金を支払った際、株主が配当金の受領の事実を証明する目的で作成する配当金領収書は、第17号の2文書にあたります(国税庁HP質疑応答事例17号文書の39)。

なお、この文書が配当金領収書(第16号文書)にあたらないことは、第16号文書の解説を参照してください。

⑪ 電子記録債権の受領に関する受取

取引先から売上代金を電子記録債権で受領した場合、取引先に対して交付する受取書に電子記録債権で受領した旨が明らかにされている場合には、その領収書は第17号文書にはあたりません(国税庁HP質疑応答事例17号文書の46)。電子記録債権は、有価証券にはあたらないためです(印基通60)。

(イ) 顧客との間で交わされる文書

① レシート、仕切り書

商店が現金で物品を販売した際、顧客に対し、金銭登録機(いわゆる、レジスター)から印刷されたレシートを交付することがあります。この文書は、当事者間において、一般に売上代金の受領事実を証明するために作成される文書として認識されているため、第17号の1文書にあたります(印基通17号文書の10)。レシートには、

厳密には、商店が金銭を受領した事実の記載がない場合がありますが、当事者間の了解又は慣習により、その記載は実質的に判断されます（印基通3）。

なお、POSシステムを導入している店舗においては、会計の際、顧客に対し、売場の端末（ポスレジ）から打ち出される仕切り書を交付することがありますが、この文書もまた、レシートの場合と同様に、第17号の1文書にあたります（国税庁HP質疑応答事例17号文書の31）。

② お買上票等

商店が物品を販売した際、顧客に対し、お買上票といった文書を交付することがありますが、この文書において金銭の受領事実が明らかにされているものは、第17号文書にあたります（印基通17号文書の10）。例えば、商店側がお買上票に「代済印」を押捺した場合には、商店側が金銭を受領したことが明らかといえますから、第17号文書にあたります（国税庁HP質疑応答事例17号文書の30）。

③ クレジット販売の領収書

商店がクレジットカードで商品を購入した顧客に対し、クレジットカード利用である旨を明記した領収書を交付した場合、この文書は第17号文書にあたりません。クレジット販売の場合には、商店は顧客から金銭又は有価証券を受領することにはならないからです。なお、実際にはクレジットカード利用であったとしても、その旨を領収書に記載していない場合には、その文言上、金銭の受取書と判断されるため、第17号文書となります。

④ プリペイドカード

プリペイドカードは、財産的価値のある権利を表彰する証券であり、その権利の移転、行使が証券をもってなされますから（印基通60）、有価証券にあたります。したがって、商店がプリペイドカー

ドで商品を購入した顧客に対し、領収書を交付した場合には、この文書は有価証券の受取書といえますから、第17号の1文書にあたります（『実務印紙税』431頁）。
⑤　デビットカードに係る領収書及び口座引落確認書

商店が即時決済型のデビットカードで商品を購入した顧客に対し、領収書を交付した場合、この文書は第17号の1文書にあたります（国税庁HP質疑応答事例17号文書の43）。

即時決済型のデビットカードを利用した場合、デビットカードを発行する銀行は、顧客の預金口座から瞬時に引落しを行い、商店の預金口座に振り込みを行います。したがって、顧客がデビットカードを利用した際、商店は顧客から商品の代金に相当する金銭をその預金口座において受領するといえます。そのため、領収書は金銭の受領を証明するために作成される文書にあたります。

次に、商店が即時決済型のデビットカードで商品を購入した顧客に対し、口座引落確認書という文書を交付する場合があります。これは商店が顧客のキャッシュカード発行銀行から支払代金の口座引落しの通知を受け、当該銀行に代わって口座引落としの事実を顧客に通知するものです。これは顧客に対して口座引落しの事実を通知する目的で作成される文書であり、金銭の受領を証明するために作成される文書にはあたりません。そのため、口座引落確認書は第17号文書にはあたりません。

イ　金融機関が作成する受取書

第17号文書は、金銭又は有価証券の受取書です。金融機関では、業務上、日々、金銭や有価証券を取り扱うため、金融機関の作成する文書が第17号文書にあたるか否かは大きな問題となります。金融機関の業務は多岐にわたりますが、おおまかには、預金業務、出納業務、貸金業

務、為替業務等に分けることができますので、それぞれの業務で作成される代表的な文書について、以下において解説します。

(ア) 預金業務

預金業務においては、預金の預入、払戻、残高証明、振替といった手続を行う際に作成される文書が、第17号文書と第14号文書のどちらにあたるかが問題となります。これらの文書の取扱については、第14号文書に関する解説の該当箇所を参照してください（本章14(6)ア(ア)）。

(イ) 出納業務

① 手形割引料計算書等

　手形割引料計算書は、手形割引料の計算内容と割引料控除後の支払金額を計算する文書です。金融機関が手形という有価証券を受領した事実を証明することもできるため、第17号文書にあたるか問題となります。

　しかし、手形割引料計算書は、通常は、金融機関が計算内容を示すために作成される文書であって、手形を受領した事実を証明するために作成される文書ではありませんので、第17号文書にはあたりません（印基通17号文書の5）。ただし、手形割引料計算書に、金融機関が手形割引料や取立手数料の受領文言等を記載した場合には、売上代金に係る金銭の受取書として、第17号の1文書にあたることになります。

② 手形到着報告書

　手形取立ての依頼をした仕向け銀行が被仕向け銀行にその手形を送付した場合に、被仕向け銀行が仕向け銀行に対し、手形を受領した旨の記載のある手形到着報告書を交付することがあります。これは、手形という有価証券の受領事実を証明するために作成する文書にあたりますから、第17号文書にあたります（印基通17号文書の8）。

(ウ) 貸金業務
　① 担保品預り証書
　　　金融機関は融資の際、債務者から金銭又は有価証券を担保として預かる場合がありますが、その際に作成される担保品預り証書といった文書は、第17号文書にあたります（印基通17号文書の35）。より具体的には、17号の2文書にあたると解されます。また、債務者が、金融機関から金銭又は有価証券の返戻を受けた際、担保品預り証書にその受領事実を追記して金融機関に交付した場合には、新たに第17号文書を作成したものとみなされます（印法4③）。

　　　なお、この文書は、第14号文書にあたるか問題となりますが、金融機関は、金銭又は有価証券を債権の担保とする目的で受領したのであって、債務者のために保管する目的で受領したわけではありません。したがって、この文書は第14号文書にはあたりません。

(エ) 為替業務
　① 入金通知書、当座振込通知書等
　　　金融機関が振込人からの依頼を受けて、被振込人の口座に入金をした場合、金融機関は被振込人に対して入金通知書、当座振込通知書、当座振込報告書といった文書を交付することがありますが、これらの文書は不課税文書となります（印基通17号文書の7）。これは、金融機関が被振込人から金銭等を受領したわけではないためと解されます。

　　　他方で、これらの文書を振込人に対して交付した場合には、第17号文書にあたります（印基通17号文書の7）。これは、金融機関が振込人から金銭等を受領したことを証明するために作成する文書にあたるためと解されます。

　② 不渡手形受取書
　　　金融機関に持ち込んだ手形が不渡りとなり、不渡手形が金融機関

から返戻された場合、不渡手形受取書といった文書が作成されることがありますが、これは第17号文書にあたります（印基通17号文書の9）。不渡手形であっても、なお手形債権を表彰する有価証券にあたるため、不渡手形受取書は、有価証券の受取書にあたると解されます。

③　振込金受取書

　金融機関は振込を受け付けた際、顧客に対し、振込金受取書という文書を交付することがあります。この文書は、金融機関が顧客から振込金及び振込手数料を受領したことを証明するために作成されています。また、振込手数料は売上代金にあたります。したがって、この文書は第17号の1文書にあたります。

　非課税物件欄の記載金額が5万円未満かどうかは、振込金（売上代金以外）と振込手数料（売上代金）の合計額によって判断します。また、振込金（売上代金以外）と振込手数料（売上代金）は区分することができますから、振込手数料の金額だけが課税標準及び税率の欄の受取金額にあたります（印基通24(4)）。

　なお、金融機関は、預金口座振替等によって振込を受け付けることもあります。この場合、振替によって振込を受け付けたことを文書上、明らかにすれば、受取金額は振込手数料だけとなり、通常、これは5万円未満ですから非課税文書となります。しかし、実際には、振替によって振込を受け付けた場合であっても、文書の表題が「振込金受取書」となっている場合には、文書上は、振込金という金銭を受領した事実が記載されているといえます。そのため、5万円未満かどうかは振込金と振込手数料の合計金額によって判断されることになり、本来、非課税文書となるはずの文書が課税文書と判断されることがあります。振替の場合にも金融機関が振込金を受け取ったかのような記載になっていないか注意する必要があります。

④　預金払戻請求書・預金口座振替による振込受付書

　金融機関は顧客から口座振替によって振込依頼を受け付けた際、顧客に対し、預金払戻請求書・預金口座振替による振込受付書といった文書を交付することがあります。この文書では、顧客の預金を払い戻し、これを口座振替によって受取人の口座に振り込むことが明らかですから、金融機関は顧客から新たに振込のための金銭を受領したわけではありません。もっとも、金融機関は文書上、振込手数料という売上代金を受領したことが明らかですから、この文書は第17号の1文書となります。ただし、振込手数料は通常、5万円未満ですから、非課税文書となります。

## 18　第18号文書
「預貯金通帳、信託行為に関する通帳、銀行若しくは無尽会社の作成する掛金通帳、生命保険会社の作成する保険料通帳又は生命共済の掛金通帳」

### (1) 第18号文書の意義及び範囲
#### ア　預貯金通帳

　「預貯金通帳」とは、法令の規定による預金又は貯金業務を行う銀行その他の金融機関等が、預金者又は貯金者との間における継続的な預貯金の受払い等を連続的に付け込んで証明する目的で作成する通帳をいいます（印基通18号文書の1）。具体的には、金融機関の作成する普通預金通帳、通知預金通帳、定期預金通帳、貯蓄預金通帳等が挙げられます。また、会社等が労働基準法第18条第4項又は船員法第34条第3項に基づいて作成する勤務先預金通帳又は社内預金通帳も含まれます（印基通18号文書の2）。当座預金への入金の事実のみを付け込んで証明するいわゆる当座勘定入金帳（付け込み時に当座預金勘定への入金となる旨が

明らかにされている集金用の当座勘定入金帳を含みます。）も預金通帳として扱われます（印基通18号文書の3）。

イ　信託行為に関する通帳

　「信託行為に関する通帳」とは、信託会社が、信託契約者との間における継続的財産の信託関係を連続的に付け込んで証明する目的で作成する通帳をいいます（印基通18号文書の8）。

ウ　銀行若しくは無尽会社の作成する掛金通帳

　「銀行若しくは無尽会社の作成する掛金通帳」とは、銀行又は無尽会社が、掛金契約者又は無尽掛金契約者との間における掛金又は無尽掛金の受領事実を連続的に付け込んで証明する目的で作成する通帳をいいます（印基通18号文書の9）。また、銀行が、掛金契約者から掛金を日掛けで集金し、一定時期に掛金に振り替えることとしている場合において、この掛金の払込み事実を証明するため作成する日掛記入帳は、掛金通帳として扱われます（印基通18号文書の10）。

エ　生命保険会社の作成する保険料通帳

　「生命保険会社の作成する保険料通帳」とは、生命保険会社が、保険契約者との間における保険料の受領事実を連続的に付け込んで証明する目的で作成する通帳をいいます（印基通18号文書の11）。

オ　生命共済の掛金通帳

　「生命共済の掛金通帳」とは、共済に関する施設の事業を行う農業協同組合又は農業協同組合連合会が死亡又は生存を共済事故とする共済（建物その他の工作物又は動産について生じた損害を併せて共済事故とするものを除きます。）に係る契約に関し作成する掛金通帳をいうとし

ています(別表第一課税物件表18号文書の定義欄1、印令29)。

### (2) 課税標準及び税率
　第18号文書に該当すると、1冊につき200円の印紙税が課されます。なお、1冊の通帳を1年以上にわたり継続して使用する場合には、その通帳を作成した日(最初の付け込みの日)から1年を経過した日以後最初の付け込みをした時に新たな通帳を作成したものとみなされ(印法4②)、改めて200円の印紙税が課されます。

### (3) 非課税物件
ア　信用金庫その他政令で定める金融機関の作成する預貯金通帳は、非課税文書となります。
　　政令で定める金融機関とは、以下の金融機関です(印令27)。
・信用金庫連合会
・労働金庫及び労働金庫連合会
・農林中央金庫
・信用協同組合及び信用協同組合連合会
・農業協同組合及び農業協同組合連合会
・漁業協同組合、漁業協同組合連合会、水産加工業協同組合及び水産加工業協同組合連合会

イ　いわゆる、こども銀行の代表者名義で預け入れる預貯金に係る預貯金通帳は非課税文書となります(印基通18号文書の5)。また、障害者等の少額預金の利子所得等の非課税の規定(所法10)によりその利子につき所得税が課されないことになる普通預金に係る通帳(複合預金通帳を除きます。)も非課税文書となります。

## (4) 納付の特例

　印紙税は、原則として、その課税文書に印紙税に相当する金額の印紙をはり付ける方法により、納付しなければなりません（印法8）。しかし、通帳は、最初の付け込みの日から1年を経過した日以後最初の付け込みをした時に新たに通帳を作成したとみなされますが（印法4②）、どの通帳がいつ新たに作成されたとみなされるのか管理することは、金融機関等にとって容易なことではありません。そこで、預貯金通帳については、納付の特例として簡易な納付方法が定められています（印法12）。具体的には、所轄税務署長の承認を受けた場合には、毎年4月1日現在の預貯金口座の数によって申告納税することが認められます。これは、預貯金通帳の数と預貯金口座の数がほぼ同じであることに着目したものです。預貯金口座の数の計算方法については、印紙税法施行令第12条で詳細に定められています。

## 19　第19号文書

「第1号、第2号、第14号又は第17号に掲げる文書により証されるべき事項を付け込んで証明する目的をもって作成する通帳（ただし、第18号に該当する通帳を除く。）」

### (1) 第19号文書の意義及び範囲

　第19号文書に該当する課税文書は、別表第一課税物件表の第1号、第2号、第14号又は第17号の課税事項のうち1又は2以上を付け込み証明する目的で作成する通帳で、第18号文書に該当しないものをいいます。

　したがって、これら以外の事項を付け込み証明する目的で作成する通帳は、第18号文書に該当するものを除き、課税文書に該当しません（印基通19号文書の1）。

作成者（納税義務者）は、付け込み証明を行う者です。

第19号文書の例としては、運送会社と運送を依頼する会社との間で作成する運送通帳、親会社と下請会社との間で作成する請負通帳、金銭の預り通帳、家賃や売掛金等の受取通帳等があります。

「通帳」とは、課税事項を継続的又は連続的に記載証明する目的で作成する文書をいいます（印基通6）。したがって、通帳を作成する時点で課税事項を継続的又は連続的に記載証明する目的があれば、結果的に1つの事項しか付け込まなかったとしても第19号文書にあたります。

また、印紙税法上の「通帳」はその形態を問いませんので、ページの単複、綴じ込みの有無等は問いません。したがって、1枚の紙面に複数の付け込み証明がある文書は、その1枚の紙が印紙税法上の通帳にあたります。

なお、第18号文書（預貯金通帳等）と第19号文書の双方に該当する文書（例えば、預金通帳と入金通帳が1綴りになっている通帳）は、所属の決定により第19号文書の通帳として課税されることになります（印基通11②）。

また、第20号文書（判取帳）との違いは、第20号文書が1対2以上の多数の相手方との間で行われる取引に関する事項を付け込み証明するのに対し、第19号文書の通帳は1対1の特定の相手方との間の取引に関する事項を付け込み証明する点が異なります。また、第19号文書の作成者（納税義務者）が付け込み証明を行う者であるのに対し、第20号文書の作成者（納税義務者）は付け込み証明を受ける者である点も異なります。

## (2) 一定額を超える付け込み

第19号文書の通帳に、次の事項が付け込みされた場合は、その付け込みされた部分については、その通帳への付け込みではなく、新たな課

税文書が作成されたものとみなされます（印法4④）。

ア　第1号文書により証されるべき事項で、その付込金額が10万円（軽減税率適用の場合50万円）を超えたときは、第1号文書が新たに作成されたものとみなされます。

イ　第2号文書により証されるべき事項で、その付込金額が100万円（軽減税率適用の場合200万円）を超えたときは、第2号文書が新たに作成されたものとみなされます。

ウ　第17号の1文書により証されるべき事項で、その付込金額が100万円を超えたときは、第17号の1文書が新たに作成されたものとみなされます。

　なお、通帳の作成者（納税義務者）は、付け込み証明をする者ですが、このみなし作成に係る作成者も付け込み証明を行う者です。

### (3) 課税標準及び税率

第19号文書の通帳に該当すると、1冊につき400円の印紙税が課されます。

なお、1冊の通帳を1年以上にわたり継続して使用する場合には、その通帳を作成した日（最初の付け込みの日）から1年を経過した日以後最初の付け込みをした時に新たな通帳を作成したものとみなされ（印法4②）、改めて400円の印紙貼付が必要となります。

### (4) 非課税物件

第19号文書に該当する通帳には、非課税規定がありません。したがって、単に金銭又は有価証券の受領事実を証明する目的で作成する受取書（第17号文書）の場合は、受取金額が5万円未満又は営業に関しない受取書であれば非課税文書となる（別表第一課税物件表17号文書の非課税物件欄1及び2）のに対し、金銭又は有価証券の受領事実を付け込み

証明する目的で作成する受取通帳は、その付け込み金額がすべて5万円未満又はその受領事実が営業に関しないものであっても、課税文書に該当することになります（印基通19号文書の2）。

### (5) 納付の特例
　印紙税は、原則として、その課税文書に印紙税に相当する金額の印紙をはり付ける方法により、納付しなければなりません（印法8）。しかし、通帳は、最初の付け込みの日から1年を経過した日以後最初の付け込みをした時に新たに通帳を作成したとみなされますが（印法4②）、どの通帳がいつ新たに作成されたとみなされるのか管理することは、容易なことではありません。そこで、第19号文書に該当する通帳のうち印紙税法施行令第11条第8号に該当する「複合寄託通帳」については、納付の特例として簡易な納付方法が定められています（印法12）。詳細については、印紙税法施行令第12条で定められています。

### (6) 取扱例
#### ア　請負に関する事項を付け込む通帳
　請負に関する事項を付け込むための通帳で、受注年月日、仕事の内容、完成年月日を付け込むものは第2号文書により証されるべき請負に関する事項を付け込む通帳と認められますので、請負通帳として第19号文書に該当します。
　他方、単に発注者が供給する材料の受取事実又は成果物の受取事実等のみを付け込んで証明するために作成されるものは、物品の受領の事実を付け込み証明する通帳として取り扱われ、課税文書には該当しません。
#### イ　入金取次帳
　入金取次帳とは、入金取次票と入金取次控えで2枚1組になっているものが何十組かつづられている帳票で、金融機関があらかじめ得意先に

交付しておき、外務員が得意先から金銭を受け入れる際に入金取次票と入金取次控えに内容を記載したうえで入金取次票のみを持ち帰り、入金取次控えは切り離すことなく入金取次帳につづられるものです。

　この入金取次帳については、預入れの事実のみを連続的に付け込み証明するのであって、払出しの事実を付け込み証明するものではないことから、第18号文書（預貯金通帳）ではなく、第14号文書（金銭の寄託に関する契約書）により証されるべき事項を付け込んで証明する通帳として第19号文書に該当します（印基通19号文書の3）。

　また、入金取次帳で、単に金銭の受領事実を記載しているものや、預金入金以外の目的で金銭を受け入れる場合に用いられるものは、第17号文書（金銭の受取書）により証されるべき事項を付け込んで証明する通帳として、第19号文書に該当することになります。

　したがって、文書上金銭を保管するために預かることが明らかにされていれば第14号文書の課税事項を付け込むものとして、単に金銭の受領事実を記載していれば第17号文書の課税事項を付け込むものとしていずれにしても第19号文書に該当することになります。

## 20　第20号文書
　　「判取帳」

### (1)　第20号文書の意義及び範囲

　第20号文書に該当する「判取帳」とは、別表第一課税物件表の第1号、第2号、第14号又は第17号文書により証されるべき事項につき、2以上の相手方から付け込み証明を受ける目的をもって作成する帳簿をいいます。したがって、これら以外の事項について2以上の相手方から付け込み証明を受ける目的をもって作成する帳簿は課税文書に該当しません（印基通20号文書の1）。

作成者（納税義務者）は、付け込み証明を受ける者です。

第20号文書の例としては、販売業者が複数の仕入先から仕入をする際に仕入先ごとに代金受領のサインをもらい仕入代金受領の事実を付け込み証明する仕入代金の受取通帳、会社が従業員に対し貸付金を渡す際に複数の従業員から受領印をもらい金銭貸付の事実を付け込み証明する借入金受取書等があります。

判取帳は、当事者の一方が2以上の相手方との間に生ずる継続的又は連続的な財産上の取引関係について、その都度相手方から付け込み証明を受ける目的で作成する帳簿をいうので、判取帳を作成する時点で課税事項を継続的又は連続的に付け込み証明する目的があれば、結果的に1つの課税事項しか付け込まなかったとしても第20号文書にあたります。また、判取帳を作成する時点で2以上の相手方との間に生ずる取引関係に関する課税事項について付け込み証明する目的があれば、結果的に1人の相手との取引関係に関する課税事項しか付け込まなかったとしても第20号文書にあたります。

第19号文書の「通帳」同様、印紙税法上の「判取帳」はその形態を問いませんので、一般的な帳簿の外観を持ったものに限られません。1枚の紙面であっても複数の相手方からの付け込み証明があれば、印紙税法上の判取帳にあたります。

なお、第19号文書との違いは、第19号文書の通帳は、1対1の特定の相手方との間の取引に関する課税事項を付け込み証明するのに対し、第20号文書は、1対2以上の多数の相手方との間で行われる取引に関する課税事項を付け込み証明する点が異なります。また、第19号文書の作成者（納税義務者）は付け込み証明をする者であるのに対し、第20号文書の作成者（納税義務者）は付け込み証明を受ける者である点も異なります。

## (2) 一定額を超える付け込み

　第20号文書の通帳に、次の事項が付け込みされた場合は、その付け込みされた部分については、その通帳への付け込みではなく、新たな課税文書が作成されたものとみなされます（印法4④）。

ア　第1号文書により証されるべき事項で、その付込金額が10万円（軽減税率適用の場合50万円）を超えたときは、第1号文書が新たに作成されたものとみなされます。

イ　第2号文書により証されるべき事項で、その付込金額が100万円（軽減税率適用の場合200万円）を超えたときは、第2号文書が新たに作成されたものとみなされます。

ウ　第17号の1文書により証されるべき事項で、その付込金額が100万円を超えたときは、第17号の1文書が新たに作成されたものとみなされます。

　なお、判取帳の作成者は、付け込み証明を受ける者ですが、このみなし作成に係る作成者は、付け込み証明を行う者です。例えば、甲作成の金銭の受取通帳に乙が120万円の売上代金受領の事実を付け込んだ場合、判取帳の納税義務者は甲になりますが、120万円の付け込み部分については新たに第17号の1文書が作成されたものとみなされ、当該第17号の1文書の納税義務者は乙になります。

## (3) 課税標準及び税率

　第20号文書の判取帳に該当すると、1冊につき4,000円の印紙税が課されます。

　なお、1冊の判取帳を1年以上にわたり継続して使用する場合には、その判取帳を作成した日（最初の付け込みの日）から1年を経過した日以後最初の付け込みをした時に新たな判取帳を作成したものとみなされ（印法4②）、改めて4,000円の印紙貼付が必要となります。

## (4) 非課税物件

　第20号文書の判取帳には、非課税規定がありません。したがって、単に金銭又は有価証券の受領事実を証明する目的で作成する受取書（第17号文書）の場合は受取金額が5万円未満又は営業に関しない受取書であれば非課税となる（別表第一課税物件表17号文書の非課税物件欄1及び2）のに対し、2以上の相手方の金銭又は有価証券の受領事実を「付け込み証明する目的」で作成する判取帳は、その付け込み金額がすべて5万円未満又はその受領事実が営業に関しないものであっても、課税文書に該当することになります（印基通20号文書の2）。

■ 実務に活かす印紙税検定 ■

　2017年、(株)日本経営税務法務研究会は、新日本法規出版(株)の協賛により印紙税検定～初級篇～を開講し、皆様から大きな反響をいただきました。
　この印紙税検定～初級篇～とは、日々の業務での印紙に関する不安や悩みをなくしていくことを目的とした検定で、本書籍の執筆者によるweb講義と幅広いレベルの出題からなる検定試験から構成されたものです。
　この度、本書の出版と併せて、印紙税検定～中級篇～を立ち上げる運びとなりました。初級篇と同じく、本書執筆者によるweb講義と検定試験により構成されておりますが、検定試験のみを受検いただくことも可能です。開講は、2018年冬を予定しております。また、印紙税検定～初級篇～も随時開講しております。
　本書及び本書籍の基礎編にあたる『～法的思考が身に付く～実務に役立つ印紙税の考え方と実践』をお読みいただくことで、印紙税の基礎的な知識・考え方の基本を身に付けることができますが、読者の皆様には、その理解をより一層確かなものとしていただくため印紙税検定の受講を強くお勧めいたします。印紙税検定を受講していただくことにより、皆様が日々の業務で直面される印紙税の課否判断の場面で、法的思考に則り、自ら論理的に結論を導くことができるようになると確信しています。また、印紙税検定が皆様の印紙税に関する漠然とした不安や悩みを払しょくする一助になれば幸いです。
　詳細は（株）日本経営税務法務研究会、及び、新日本法規出版（株）のホームページをご覧ください。

【日本経営税務法務研究会ホームページ】　　【新日本法規出版株式会社ホームページ】

---

**(株)日本経営税務法務研究会**

当研究会の目的は明確です。
企業など組織の持続的な成長の役に立つこと
個人の人生の持続的な向上の役に立つこと
です。これをとおして、社会の進歩発展に寄与いたします。
　各方面の第一線で活躍する優秀な経営者・弁護士・会計士・税理士・コンサルタントなどと連携し、経営者、法務・税務・会計等の士業、あるいは書く専門分野のプロフェッションの垣根を越えて、お客様の経営課題、あるいは人生の課題の解決と事業の成長に向けて、お客様とともにチャレンジしていく所存です。

　　(株)日本経営税務法務研究会
　　東京都千代田区神田小川町1-7 小川町メセナビル3F
　　TEL：03-5217-5295
　　URL：http://www.nikkeizei.co.jp

## 【編著者】

**鳥飼　重和**（とりかい しげかず）

鳥飼総合法律事務所代表
弁護士・税理士。第二東京弁護士会所属。
中央大学法学部卒業。
顧客視点から経営・税務を中核にし、法務・税務を統合したビジネスモデル構築を主唱。
日本経済新聞社「企業が選ぶ弁護士ランキング」2013年「税務部門」1位、2014年「企業法務部門」10位、2016年「税務分野（総合ランキング）」1位、2017年「金融・ファイナンス分野」5位。
「2018年チェンバース＆パートナーズ企業法務弁護士ランキング」税務部門筆頭。
主な著書に、『慌てない・もめない・負けない経営』（日本経営合理化協会）、『豊潤なる企業』（清文社）、ほか多数。

## 【監修者】

**小林　幸夫**（こばやし ゆきお）

税理士
東京国税局消費税課長、品川税務署長、仙台国税局調査査察部次長、江戸川北税務署長等を歴任し、平成25年に退官。
国税庁課税部勤務において長年にわたり間接諸税（主に印紙税）を担当する。

**佐藤　敬秀**（さとう よしひで）

税理士
名古屋国税局課税第二部調査部門（印紙税等担当）統括国税調査官、名古屋国税局調査部調査第三部門統括国税調査官、関税務署長、名古屋北税務署長等を歴任し、平成29年に退官。

## 【執筆者】

**沼野　友香**（ぬまの ゆか）

鳥飼総合法律事務所弁護士。中央大学法学部卒業、慶應義塾大学大学院法務研究科修了。
第二東京弁護士会所属。
主に、税務、企業法務、労務・人事、知的財産権に係る業務等に携わる。
（株）日本経営税務法務研究会主催、新日本法規出版（株）協賛による「印紙税検定(初級篇)®」の立ち上げに参画。鳥飼総合法律事務所印紙税相談室の創設メンバー。

山田　重則（やまだ しげのり）
　鳥飼総合法律事務所弁護士。一橋大学法学部卒業、早稲田大学大学院法務研究科修了。第二東京弁護士会所属。
　主に、税務、企業法務、労務・人事、相続に係る業務等に携わる。
　㈱日本経営税務法務研究会主催、新日本法規出版㈱協賛による「印紙税検定(初級篇)®」の立ち上げに参画。鳥飼総合法律事務所印紙税相談室の創設メンバー。

髙瀬　貴子（たかせ たかこ）
　鳥飼総合法律事務所パラリーガル。一橋大学法学部卒業。
　㈱日本経営税務法務研究会主催、新日本法規出版㈱協賛による「印紙税検定（初級篇)®」の立ち上げに参画。鳥飼総合法律事務所印紙税相談室の創設メンバー。
　主に、税務訴訟、税賠訴訟に係る調査に携わる。500件を超える税賠保険事故調査を担当。
　著書に、『税理士の専門家責任とトラブル未然防止策』（清文社）共著。

瀧谷　耕二（たきたに こうじ）
　鳥飼総合法律事務所パートナー弁護士。神戸大学法学部卒。第一東京弁護士会所属。
　平成23年～27年、国税審判官として国税不服審判所に勤務。
　主に、企業法務、税務訴訟等に携わる。

木元　有香（きもと ゆか）
　鳥飼総合法律事務所弁護士。東京大学法学部卒。東京大学法科大学院修了。第二東京弁護士会所属。
　平成26年保育士資格取得・登録。
　主に、保育分野、社会福祉法人、労務、税務等に携わる。
　著書に、『幼稚園・保育所・認定こども園のための法律ガイド』（フレーベル館）ほか。

北口　建（きたぐち たけし）
　鳥飼総合法律事務所弁護士。同志社大学法学部卒業、同志社大学大学院修了。第二東京弁護士会所属。
　主に、医療・介護事業、ヘルスケア事業、保育事業を中心にリーガルアドバイスを行う。
　著書に、『非公開会社のためのやさしい会社法』（商事法務）ほか。

奈良　正哉（なら まさや）
　鳥飼総合法律事務所弁護士。慶應義塾大学経済学部卒。第二東京弁護士会所属。
　みずほ信託銀行にて、総合リスク管理部長、運用企画部長、執行役員、常勤監査役、みずほ不動産販売専務取締役、各歴任。
　主に、個人の民事信託、国際相続、企業の金融、リスク管理、コンプライアンス、事業承継等に携わる。

迷ったときに開く
実務に活かす　印紙税の実践と応用

平成30年9月26日　初版第1刷発行

編著者　鳥　飼　重　和
著　　　鳥飼総合法律事務所
発行者　新日本法規出版株式会社
代表者　服　部　昭　三

| 発行所 | 新日本法規出版株式会社 |

本　社
総轄本部　（460-8455）名古屋市中区栄1-23-20
　　　　　　　　　　　電話　代表　052（211）1525
東京本社　（162-8407）東京都新宿区市谷砂土原町2-6
　　　　　　　　　　　電話　代表　03（3269）2220
支　社　札幌・仙台・東京・関東・名古屋・大阪・広島・高松・福岡
ホームページ　http://www.sn-hoki.co.jp/

※ 本書の無断転載・複製は、著作権法上の例外を除き禁じられています。
※ 落丁・乱丁本はお取替えします。

5100032　印紙税応用　　　　　　　　　ISBN978-4-7882-8463-0
　　　　　　　　　　　　　　　　　　Ⓒ鳥飼重和　2018　Printed in Japan